喋血孤城

衡阳会战

周明 著

WUHAN UNIVERSITY PRESS
武汉大学出版社

图书在版编目(CIP)数据

喋血孤城:衡阳会战/周明著.—武汉:武汉大学出版社,2009.10
(2024.5 重印)
经典战史回眸·抗战系列
ISBN 978-7-307-07334-0

Ⅰ.喋…　Ⅱ.周…　Ⅲ.抗日战争时期战役战斗—史料
Ⅳ.E296.93

中国版本图书馆 CIP 数据核字(2009)第 170509 号

责任编辑:王军风　　责任校对:刘　欣　　版式设计:马　佳

出版发行:**武汉大学出版社**　（430072　武昌　珞珈山）
（电子邮箱:cbs22@ whu.edu.cn　网址:www.wdp.com.cn）
印刷:武汉中科兴业印务有限公司
开本:720×1000　1/16　印张:9　字数:147 千字
版次:2009 年 10 月第 1 版　**2024 年 5 月第 4 次印刷**
ISBN 978-7-307-07334-0/E·24　　定价:48.00 元

序

　　这是65年前举世震惊的一战，中国军队第10军在湖南衡阳以孤立无援的疲惫之军抗击数倍于己的日军，顽强苦战整整47天，给敌以重大伤亡，写下了抗战史上极其光辉的一页。虽然衡阳最后还是失陷了，但这丝毫不能抹杀第10军坚守衡阳的英勇善战、视死如归的业绩。值此衡阳之战65周年之际，本书作者遍寻史料，考证推究，以客观的历史立场，详实的叙述，力求还原历史原貌，谨以此书缅怀和纪念那些在衡阳曾经为国浴血奋战的抗战先烈。

　　1944年7月，二次大战已近尾声，美军在太平洋战场上节节胜利，日军的海上补给线不仅受到严重威胁，而且连本土也都频频遭到猛烈的轰炸，战争的胜负已渐渐明朗。

　　日军为了尽快结束在中国的战争，并企图从陆上建立补给线，发动了中日战争中规模最大的战役——一号作战，其中衡阳的攻防战更是被日军称为"中日八年作战中，唯一艰苦而值得纪念的攻城之战"。

　　第10军以攻城日军几分之一的兵力，孤军奋战守城47天，最终造成敌我死伤比例达三比一，战斗力不可谓不盛，这是抗战史上大城市攻防战中，日军攻城部队的伤亡大大高于守军的唯一事例，已成为军事史上的经典战例。

　　据《日本陆军战史》记载，日军对于衡阳守城的第10军军长方先觉将军是以"骁勇善战之虎将"称之，将第10军称为"善战之师"，在47天的激战结束前，中国守军无一人投降，"实为中日战争以来的珍闻"。

　　相对于日军的装备，第10军的山炮、野炮数量远远不及，但却能最大限度地发挥迫击炮的作用，其迫击炮甚至可以与日军的野战炮兵相匹敌，而日军第一线将校之伤亡也多为迫击炮的杰作。手榴弹原为英美军的拿手戏，而日军认为衡阳之战中第10军手榴弹的使用技巧已经超越英美军，成为世界各国军队的"A组"。手榴弹准确而且远距离投掷，使日军蒙受了巨大伤亡。在衡阳之战的过程中，进攻的日军第68、116师团的步兵中队（连），平均每中队兵力都已经下降到只有20人！这样的伤亡，日军认为主要是守军的手榴弹造成的，因此必须特别地加以记述。

第10军在布置防御阵地时充分发挥了地形特点，在衡阳外围的丘陵，构成了坚固的据点式工事，各据点之间均有交通壕连接，而接近城郭的小路全都被地堡火力所控制，整个防线形成一个大型的堡垒要塞。各据点与碉堡都有交叉火力支援，丘陵的底部则被削成断崖，上方有手榴弹投掷壕，守军可以在壕内轻松地投掷手榴弹，杀伤被困在断崖下的日军。对于这样的防御工事，日军认为是中日战争以来第一次领教，堪称中国军队智慧与努力的结晶。

抗战结束后，中国军队在长沙接受湖南日军投降，据当时日军将领透露，衡阳之战日军的实际伤亡在48000人以上，而衡阳守军伤亡还不到12000人。如此惨重的伤亡，因此被日军战史称为"华南的旅顺之战"——用1904—1905年日俄战争中旅顺要塞之战来形容，这是日军第一次将中国军队与列强军队相提并论。

日军虽然最后攻占了衡阳，但对于守城的方先觉将军和第10军将士却是前所未有的敬佩。甚至在战后，被称作"支那派遣军"精锐的日军第11军老兵还曾来台湾，特意前往方先觉将军墓前祭奠，并与第10军的老兵举行聚餐，成为一段逸闻。

衡阳之战写下了抗战历史的两项之最：

敌我兵力对比悬殊最大——抗战时期，日军1个大队（兵力编制相当于加强营，约1000人）通常要中国军队1个师（约6000人）来对抗，换言之，通常情况下中国军队要有6∶1的兵力对比。而在衡阳之战中，日军参战部队初期为2个师团，后期更是达到4个师团，衡阳守军却只有第10军，而且第10军还不是满编的，其真实的实力不过2个师而已。如此算来，衡阳之战日军与第10军的兵力为5∶1！而且衡阳之战参战日军是其在中国战区唯一的一个野战攻击军第11军所属部队，是日军在中国战斗力最强的野战部队。

敌我伤亡交换比最大——整个衡阳之战，日军战史记录自身伤亡约为2.9万人，而众所周知日军战史历来是缩小己方伤亡数字，因此通常认为日军伤亡在4万人以上，而第10军总兵力还不足1.7万人，伤亡约1.1万人，敌我伤亡交换比达到了3.6∶1！

再把视线拉回到60多年前人间修罗炼狱一般的衡阳之前，让我们来看看当年人们是如何评价衡阳之战的吧！

《扫荡报》的社论这样写道："衡阳，这一度成为全世界注视中心的城市，在我们的抗战史中，曾占有辉煌之一页。提起衡阳，称得上家喻户晓，无人不知；在国外，这个城市与中国军队英勇善战的英名一道永远流传。……就时间算，衡阳阻敌47

天；若就消耗敌实力，挫折敌锐气算，衡阳阻敌何止47天！……若无衡阳之守，也许敌寇更要猖獗。衡阳之战的价值，不仅在于延宕敌寇打通内陆交通线时间，且有助于黔边战局的转捩。……因为衡阳之守，桂林要塞方有建筑余暇。这种要塞虽没有收到效果，但衡阳之固守，使敌人感到中国军队之坚强；又加之桂林之地形，与要塞之坚固，使他们停止于大榕江兴安一带，达40日，以待补充。因为敌人怕兵力、火力不够，不能一鼓南下桂林，致挫折其士气，所以须补充完整，方敢前进。假使不是衡阳之守，以挫敌人锐气，敌人不必补充，大胆长驱直入，那么，敌人侵入贵州，当提早三个月，那时敌人更要猖獗。是衡阳之守虽仅47天，而大榕江兴安40天之停留，亦是方军长之余威。在军事上争取3个月时间，是如何的大功勋呢？……这40天来，敌寇不断用强大的兵力猛击你们；甚至滥用毒气，做出不齿于人类的野蛮事。而你们装备劣势，给养不足，援军接应困难，负伤缺乏医药，各种条件都不如敌人。你们用血肉抵挡敌人的炮火，用血肉保卫祖国的名城，给四万万同胞出了一口闷气！有了你们这一战，才觉得做中国人是最高贵的。后方的同胞对你们真是有说不尽的感激、说不尽的崇敬！"

《大公报》社论："衡阳虽已陷落敌手，但衡阳守军的战绩尚在！衡阳47天是索得敌军巨大的代价，衡阳47天是在明耻教战。全国人都应惭愧对国家太少贡献；而凡是中华军人必更普遍反省自己的决心与努力是否也如同衡阳守军，我们以为衡阳之战贡献至大，不仅向敌人索取了代价，也给中国军人做了榜样。"

《救国日报》社论："方先觉军长，率万余疲惫之士，持朽劣之械，以抗志在必进之20万倭寇，其必失败，自属意中。这样毫无成功希望之任务，使贪生畏死者，当之必闻风而逃，不能支持一二日，见于地形较好、条件较优之长沙、全州、桂林等地弃守之速，可足证明，但方军长毅然对这种艰巨任务，搏血肉之长城，与必死之倭寇硬拼到底，卒使敌人想尽方法，施尽卑劣手段，仍不获逞。最后乃请期'天皇'敕谕，激励将士，又猛攻5日，始攻破我防线。方军长因弹尽援绝，防无可防，始被敌人俘虏。这在方军长与其部下，真百分之百尽了职分，不论对于国家，对于长官，对于国民，均无愧色。……抗战8年，战死疆场之英雄烈士，至少数十万人；而保卫国土，至死不屈者，亦不在少数；但其对国家贡献之大，于全局胜败有决定作用者，当为衡阳守军。"

由毛泽东为《解放日报》起草的社论中这样写道："守衡阳的战士们是英勇的。"

王世杰在日记中称衡阳守城战："断然为抗战以来之一伟绩！"

衡阳之战还在进行中，重庆20余万名市民签名，向苦守衡阳的第10军官兵致敬。

战后，以衡阳市参议会议长杨晓麓等五人组成的请建衡阳为抗战纪念城代表团，在呈交的请建衡阳抗战纪念城一文中写道："窃为抗战8年，大会战22次，而相持较久，关系至巨，贡献最大而牺牲最烈者厥为衡阳一役。"

1947年8月10日，在衡阳抗战纪念城命名奠基典礼上蒋介石发表训词说："至是年（注，1944年）6月下旬，衡阳四郊各县，先后失陷，我第10军残余部队，喋血苦守此兀然孤城者，历时48日之久，此为全世界稀有之奇绩，而我中华固有道德之表现与发扬，亦以此为最显著。地方人士所以请定为抗战纪念城者，其意在此。昔者孟子言仁者无敌，又言浩然之气，集议所生，至大至刚，我中华民族之所恃以生存，所资以兴立者，岂非数千年来仁义之教所沾被既深且远欤！今当举行命名典礼，爰举此义，以告国人，并示来兹。"

白崇禧题词："民族圣战，喋血湘衡，精忠报国，白刃短兵，四十八日，世界闻名，金城永固，葆以光荣。"

我方对衡阳之评价是如此之高，那么作为对手的日军又是如何说呢？日军认为是"从未有若斯顽强之抵抗"，其战史称："衡阳之战，如欲惹人瞩目，可称之为'华南的旅顺之战'。此种比喻稍嫌夸张，但称之为'中日8年作战中，惟一苦难而值得纪念的攻城之战'，则绝对正确。""敌人之首将方先觉将军为一骁勇善战之虎将；其第10军之3个师，皆以必死之决心，负隅顽抗，寸土必争，其孤城奋战之精神，实令人敬仰。"

当时，与第10军进行过交涉的日军第11军使竹内参谋说："中国军队英勇作战的情形，不仅此地日军敬佩，就连日本天皇和大本营都已有所耳闻。"

……

在这众多或激昂或凝重的文字中，我们已然能感受到衡阳一战的惨烈悲壮，确实，一座方圆不过数十平方公里，人口不过二三十万的弹丸小城，以不足两万人的疲惫之军，窳劣之装备，迎战十万装备精良的优势之敌，战至弹尽援绝，该是一场怎样的激战？

目　　录

引言

1946年6月28日，衡阳张家山，国民政府军事委员会（简称军委会，本书下同）少将高参葛先才，衡阳之战时任第10军预备第10师师长，奉军委会委员长蒋介石之命，在衡阳民众及流落衡阳的第10军旧部鼎力协助下，历经四月，将搜集到的第10军阵亡将士的遗骸收殓合葬。正如葛先才在《衡阳搜瘗忠骸记》里所追忆的："忠骸搜集完成之日，我们请了一位摄影师，摄影存照。我们面对这座高约丈余的用忠骸堆成的山岳，直觉其巍峨神圣，壮丽无比！我们在心中默默祝祷：弟兄们，你们安息吧，你们没有白死，日本已经投降，国家已因你们之死而得救。你们是求仁得仁了。然后我们把忠骸逐一移于墓穴中安葬。不知怎的，我忽然鼻头一酸，禁不住悲从中来，泪如雨下。啊！弟兄们！弟兄们！我敬爱的弟兄们！若非我身历其境，又怎能体会到求仁得仁的背后，竟隐藏了这么深重的悲怆！"

此时的衡阳，还是满目疮痍，遍地残垣，葛先才看着一年半之前还在一起并肩而战的袍泽，如今都已化为白骨，零乱于山泽野水之间，怎不令人锥心泣血？

而衡阳之战，又何尝不是八年抗战中一场令人锥心泣血的鏖战呢？

（右组图）1946年6月28日，衡阳张家山，国民政府军事委员会少将高参葛先才，衡阳之战时任第10军预备第10师师长，奉军委会委员长蒋介石之命，在衡阳民众及流落衡阳的第10军旧部鼎力协助下，历经四月，将搜集到的第10军阵亡将士的遗骸收殓合葬。此照约有3000余具尸骨，是衡阳之战牺牲总人数的一半。

第一章
兵临城下

一号作战

1943年下半年，盟军在世界各战场上均转入了反攻，在亚洲，日本所面临的战局也日趋严峻。日军参谋本部作战部长真田穰一郎少将和作战课长服部卓四郎大佐判断美军如果在太平洋上继续发展攻势，那么从东南亚到日本本土的海上交通线迟早将被切断。这样一来，从马来亚、泰国、越南经中国到朝鲜釜山的大陆交通线就将成为坚持东亚大陆作战的生命线。而这样一条大陆交通线，目前还未完全贯通，其中在中国河南、湖南、江西及广西等地还为中国军队所控制，因此打通大陆交通线，将是保障东亚大陆作战的关键。基于这一思考，真田和服部开始酝酿打通大陆交通线的作战计划。

11月25日中美空军6架B-25"米切尔"中型轰炸机从江西遂川机场起飞，成功地空袭了日军位于台湾的重要空军基地新竹机场。

1944年1月，中国动员了近百万民工以非常原始的方式开始在四川新津、广汉、邛崃和彭山四地修建可以供B-29"超级堡垒"重型轰炸机起降的机场。4月新津等四个机场建成，第一批B-29飞抵中国，6月5日开始B-29从中国机场起飞对东北、日本本土的重要目标进行空袭。美国空军在中国越来越活跃的行动，也进一步使日本大本营感受到了巨大威胁，因为在中国的美军空中力量不仅可以袭击东海的海上交通线，甚至还可以直接空袭日本本土。为此日军参谋总长杉山元特意向真田和服部询问是否可以在打通大陆交通线的作战中，加入压制盟国空军在中国活动的目的。真田和服部随即就此设想在战役计划中进行了具体研究，最终在战役计划中加入了摧毁中国大西南的美军轰炸机基地，日军则可利用夺取的西南地区机场，掩护南海的海上运输、夺取大陆交通线以及沿线地区丰富的资源。

■ 广汉机场上的B-29，从中国西南地区起飞的B-29可以对日本本土进行空袭。

当然日军还念念不忘希望在打通大陆交通线的同时，能与中国军队展开主力会战，消灭或击溃中国军队主力，以彻底消除中国军队配合美军在中国东部沿海地区登陆的可能。

基于上述考虑，日本大本营决定改变作战方针，在太平洋上尽力阻滞美军的攻势，在大陆上打通和确保中国大陆交通线。因为随着太平洋上美军反攻的力度越来越强，通过中国大陆的交通线来维系与南方50万军队的联系就显得至关重要，于是决定进行一场纵贯中国大陆接连法属印度支那的大规模野战战役。日本参谋总长衫山元在给天皇的上奏中就明确说明了进行这样一场大规模战役的战略意图："摧毁中国西南要地的敌各机场，以保本土及中国东海的防护安全为第一目的。打通大陆后，即使在海上与南方的交通被切断，也可以经过大陆运输南方的物资，以加强战斗力，为其第二目的……同时作为附带收获，可以取得敌占区的钨矿等重要资源。"

但是这个看上去一箭数雕的大好计划却遭到陆军省军事课长西浦进大佐的强烈反对，理由很简单，这样大规模的作战势必将投入庞大的军事力量，将会给整个太平洋战争带来非常不利的影响。其实任何明眼人都能看出，打通大陆交通线计划虽好，但已不是此时的日本军事机器所能承受的，万一失

利损失必然巨大，而且这些损失在短时间内将无法弥补，势必直接影响到整个战争进程。退一步说，即使成功，代价也必然不会小，即使以不菲的代价打通了大陆交通线，要想维持这条交通线的运转，也非易事。何况以日军现有力量来看，要巩固如此漫长的交通线，肯定是处处薄弱，形成脆弱的一字长蛇阵，成为任人宰割的极其恶劣的态势，所以是个典型的疯狂计划，用饮鸩止渴来形容是毫不为过的。连日军中国派遣军总司令官畑俊六也承认："（此次作战）与实力、资财，尤其战力全面下降之状况，殊不相称。"

日本内阁总理兼陆军大臣东条英机综合了两方面的意见以及战局的发展，特别是出于对美军远程轰炸机利用中国西南地区机场空袭日本本土的担忧，最终还是同意了这一计划。日本陆军高层之所以会同意这样一个近乎于疯狂的作战计划，还有一个说不上台面的原因，那就是日本陆军与海军之间深刻的矛盾，看到海军在太平洋上节节败退，陆军在幸灾乐祸的同时也迫切希望通过这样一场胜利来压过海军。1944年1月24日，经日本天皇批准，由日军大本营向中国派遣军下达了打通大陆交通线的"大陆命921号"作战命令。根据这一命令，日军参谋本部随即以参谋总长指示的名义向中国派遣军下达了作战纲要，战役代号"一号作战"。因为此次大

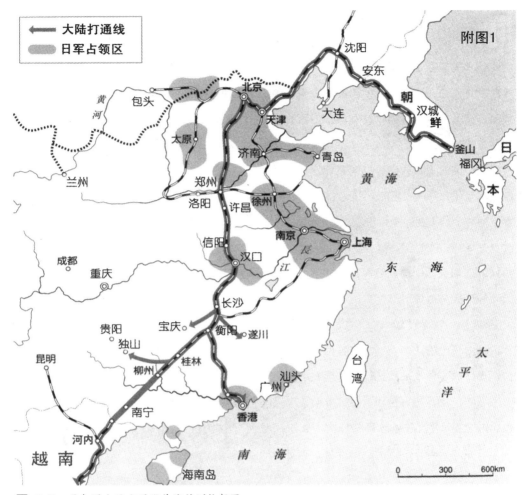

图例：
大陆打通线
日军占领区

附图1

■ 日军一号打通大陆交通线作战计划构想图。

会战主要是在河南、湖南和广西进行，所以中国抗战史也称之为"豫湘桂会战"。此次战役目的就在于击溃中国军队，占领和确保平汉铁路南段与湘桂、粤汉铁路及其沿线要地，摧毁中国主要空军基地以制止其空军活动。整个作战分三步，第一步1944年4月以华北方面军投入4个师团发动河南作战，预计1个半月打通平汉线；第二步1944年6月以华中的第11军为主，广东的第23军为辅总共投入10至12个师团发动湖南作战，预计5个月打通粤汉线中段；第三步1945年1月以第23军发动广西作战，预计1至2个月打通湘桂线和粤汉线南段。为确保战役胜利，日军大本营还命令南方方面军在缅甸、越南发动攻势，牵制当面中国军队，以策应"一号作战"。

为了保证有足够兵力来实施如此规模的

战役，日军大本营决定对于"一号作战"的所有兵力与支援要求都给予最优先的保证。为此要求优先补足中国派遣军所有的缺额，并尽量将原先在中国战区的乙种师团与丙种师团都调升为甲种师团（日军甲种师团的编制兵力达2.8万人）。从关东军抽调出第27师团编入中国派遣军，并暂停了原计划从中国派遣军调往太平洋战场的4个师团，另外还从本土抽调了14个独立步兵旅团、8个野战补充队（每个补充队的兵力相当于1个旅团），共约15万人加强给中国派遣军，这样就使战役投入的总兵力达到了51万人，火炮1500门，坦克800辆，汽车15500辆，战役规模前所未有。日军自己都认为："只有日俄战争时期的奉天会战才能与之相比，在人员数目，作战区域的广泛，特别是作战距离方面，以及预计作战日期方面都是望尘莫及的。"

日军"一号作战"的后勤准备，也是非常充分周全，这点对于历来轻视后勤的日军来说，几乎是破天荒的，这或许是战争给日军带来的深刻教训所致。单就是空军作战的航空燃料，就有半年的储量，空军弹药的储量更是多达两年。参战各部队的粮弹储备，普遍都达到半年以上用量。从各地抽调增补给中国派遣军的地面装备弹药为4个师团的战役基数、航空弹药为2个飞行师团的月消耗量、汽车燃料4千万公升、航空燃料1千万公升。运输工具方面，准备了马6.7万匹，汽车1.3万辆，大小运输船1万艘，并且调动了日本本土所有的道路、桥梁工程人员与器材，用于战线后方道路的维修。"一号作战"计划所需的其他物资，上至野战医疗设备，下到军靴军服，都一应俱全，因此"一号作战"可以说是日本军队成军以来，历史上前所未有的周密准备。

1月25日中国派遣军总参谋长松井太久郎中将前往东京，向大本营当面领受作战任务及有关指示。松井29日返回中国后，中国派遣军随即于2月3日召开参谋长会议，参战各部队的参谋长包括第12军参谋长寺垣忠雄少将、11军高级参谋武居清太郎大佐、13军参谋长佐佐真之助少将、23军参谋长安达与助少将、第3飞行团参谋长吉井宝一大佐、海军中国舰队高级参谋松岛庆三海军大佐等人出席。这次会议后，日军"一号作战"正式开始启动。

鉴于在中国战场的航空兵力薄弱，日军于2月将原来的第3飞行师团升格为第5航空军，由下山琢磨中将任军长，并从关东军抽调了3个战斗机队、1个强击机战队和2个轰炸机战队予以加强，使日军在中国战场的空军力量增加到了12个战队又3个中队，各型飞机约100架。即便如此，面对在中国的美国空军和得到美国援助而日益强大的中国空军，依然处于劣势，因此在"一号作战"中日军仍无法取得有效的制空权，在战役期间不少地面部队由于中美空军的攻击而不得不采取白天分散隐蔽休息，夜间行军或运输的方法向战区开进，大大影响了部队的机动和后勤物资的运输。

作战命令和纲要下达后不久，在美军的猛烈攻势下，太平洋上的日军局势恶化，因此大本营希望能尽快实施"一号作战"。为此中国派遣军召开了几次作战会议，3月12日作战计划正式制定出台，向参战各部队下达。

河南作战

1944年2月，日军华北方面军按照大本营的《一号作战纲要》开始制定平汉路作战计划，计划至少投入65个大队，主力为第62、110步兵师团和战车第3师团、骑兵第4旅团。作战将分两个阶段进行，第一阶段突破中国守军的防线，主力集结于黄河南岸；第二阶段沿平汉线南下，至郾城附近向西迂回，围歼中国军队第一战区部队的主力，并攻占洛阳，打通平汉线。3月开始为"一号作战"计划调集部队和作战物资。但是第12军认为中国守军正面防线的防御力量较强，不易突破，因此决定先由中牟地区的部队渡过黄河，进至郑州、密县地区，再迂回黄河铁桥守军的侧后，与正面部队形成前后夹击。

负责河南作战的日军部队为第12军、第1军、第11军和第13军各一部，共4个师团、4个独立旅团、1个战车师团及1个骑兵旅团，总兵力约15万人，由华北方面军司令官冈村宁次统一指挥。4月初日军参战部队在豫北地区完成集结，并修复了郑州以北的黄河大桥。此时河南地区的中国军队隶属于第一战区，司令蒋鼎文，副司令汤恩伯，共有8个集团军、1个兵团、17个军、41个师，总兵力约40万人。军委会察觉日军有在河南发动攻势的迹象，还从西北的第八战区和湖北的第五战区抽调了部队增援第一战区。

4月17日夜，日军第12军首先从河南中牟县发起攻击，战至18日凌晨，守军暂编第27师的阵地被突破。日军随即兵分两路，第7混成旅团沿新黄河西岸向柴桥攻击前进，第37师团则分路向郑州、新郑、尉氏推进。19日拂晓，日军第37师团的先头部队第22联队第1大队就进至郑州车站，并袭占了郑州北门附近的一段城墙。当晚日军第7混成旅团和第37师团的主力在尉氏会合形成了对郑州的合围，郑州守军暂编第15军只得弃城突围。日军在占领郑州后乘势发动进攻，于21日攻占新郑。

在黄河铁路桥正面战线的日军也在中牟方向开始进攻，将守军注意力吸引到侧翼后于18日晚利用夜色掩护进入南岸的邙山桥头堡。19日凌晨后便在猛烈炮火掩护下向邙山以下的汉王城发起攻击，激战至中午汉王城

■ 日军投入河南作战的装甲部队。

守军预备第11师1个营全部牺牲，汉王城遂告失守。守军立即以预备11师的预备队33团实施反击，但日军后续部队不断投入战斗，反击失利。日军在邙山一线的突破口进一步扩大，铁路桥正面守军85军只得后撤。正面防线随之洞开，日军第62师团沿平汉路直趋郑州，110师团则向密县推进。二梯队的战车第3师团和第9独立旅团等部也于20日拂晓渡过黄河，全力扩张。24日攻占密县，25日攻占虎牢关。至此日军第12军主力在新郑以南地区完成了集结，准备开始下一阶段作战。

4月26日，日军第12军在新郑召开参战部队各师团长、旅团长军事会议，商议下一阶段作战计划。27日晚正式下达下一阶段作战命令：第62师团前出至许昌西南，切断守军向西南的退路；第37师团进攻许昌，而后以主力向舞阳推进；第27师团进攻郾城，与北上的11军会合；独立混成第7旅团协同37师团进攻许昌，占领许昌后以一部守备许昌，主力向禹县推进；骑兵第4旅团前出至北舞渡，向临汝推进；战车第3师团以一部配合37师团进攻许昌，主力则直取临汝。各部于30日凌晨开始行动。

4月29日夜日军第62师团首先开始行动，一举突破中国军队颍河防线，从而有力地掩护其他部队进入攻击出发位置。30日拂晓，日军开始猛攻许昌，守军新编第29师拼死抵抗，激战至下午17时30分，日军从许昌城西和城南突入城内，守军伤亡惨重，已然无力将日军击退，新29师被迫于当晚从许昌东北角突围，师长吕公良在突围时阵亡。5月1日日军攻占许昌。日军随即立即组织部队南下，于5月5日攻占郾城，9日在确山与从信阳北上的日军第11军独立步兵第11旅团会师，至此完全控制了北起黄河铁桥，南至信阳以北长台关，长约310公里的铁路及其两侧地区，实现了战役第一步打通平汉路的目标。日军铁道部队随即开始修复线路、桥梁、给水设备、行车信号等铁路设施，10日从北平向汉口开出了第一班列车，但不久就在中美空军的猛烈轰炸下，尤其是黄河大桥被炸毁后，平汉线交通再告中断。

此时第一战区组织第13军向密县实施反击，这次反击虽然迫使日军110师团暂时转攻

为守，但对于日军主力围攻许昌的行动并没有多大的直接影响。日军深知13军是中国军队第一战区的精锐核心部队，只要歼灭该军就可以彻底打垮第一战区，因此华北方面军在得知13军向密县反击后，立即指示12军转兵予以围歼。日军第12军迅即行动，甚至不待占领许昌就下达了攻占许昌后立即向登封转进以围歼13军的命令。日军第12军主力5月2日起开始转向登封，以110师团由北向南，第62师团由东向西，战车第3师团和骑兵第4旅团由临汝向大金店方向突进，企图合围13军。第一战区面对日军的攻势，急令第85军

河南会战中日军修复郑州黄河大桥

郑州黄河大桥原名平汉铁路郑州黄河桥，是在黄河上修建的第一座铁路桥，由比利时工程公司承建，1900年选定桥址，随后又聘请德国、美国和意大利等国工程师进行了查勘，1901年完成定测，1902年开始设计，1903年9月开工建设，1905年11月15日竣工，1906年4月1日正式通车。大桥全长3015米，为单线铁路桥。建成时共有102孔，其中26孔位于黄河以北，24孔位于黄河以南，河道中间浅滩部分有跨长21.5米的上承钢板梁52孔。桥梁基础用内径30厘米、外径35厘米、下端带有直径120厘米螺旋翼的铸钢管桩。

1937年冬，中国军队破坏了郑州黄河大桥。日军为了能将郑州以东的陇海铁路与新乡的平汉铁路连接，于1938年夏季利用黄河因花园口炸堤而改道的情况，在开封以北的和尚庄附近新建了黄河铁路桥，开通了从开封经和尚庄铁路桥、大宫、于店、太平镇、阳武到新乡的约90公里铁路线。而在开封以西中牟地区，由于黄河花园口决堤后成为黄泛区，几乎是大片沼泽，重装备根本无法通行。1944年为了顺利实施一号作战中的平汉路作战，日军决定修复黄河大桥。由铁道第6联队的第1、2大队负责施工，小玉铁太郎中佐为总指挥，并从关东军调来对苏战备储备器材中的桥梁桁架35组和架设机械1部。为了掩护施工，还在工地附近部署了高炮部队。从1943年12月10日开始施工，1944年3月25日完成修复工程。

■ 日军打通京汉线，图为京汉线通车时的情景。

将登封防务移交给第9军，迅速驰援临汝，同时组织38军向日军110师团反击。但就在中国军队新部署尚未就绪之时，日军110师团5月4日已经突进至登封西北约16公里的圣水，切断了登封与偃师的联系。而战车第3师团也抢在85军到达前攻占临汝，其先头部队甚至一路疾进，于当晚进至洛阳附近的龙门，这样一来中国军队第9军与第13军遭到日军分割，第9军的处境更为危险，已经被日军合围。

5月5日，第9军开始突围，但遭到日军沿途截击，大部溃散。同时第13军也于5日黄昏开始向临汝撤退，一路上不断遭到日军坦克部队的攻击，损失很大。据日军战史统计，13军战死7040人，被俘965人，丢失105毫米火炮4门、75毫米山炮3门、迫击炮8门、重机枪22挺、轻机枪78挺、步枪1295支。至5月8

日，第一战区在登封地区的主阵地全部被日军占领。

5月9日日军第69师团从垣曲强渡黄河，至11日攻占渑池，缴获大量粮食和弹药等物资，切断了陇海路，使洛阳陷于孤立。10日华北方面军下达进攻洛阳的正式命令，但是第12军认为眼下最重要的任务应该是歼击正在溃退的中国军队第一战区主力部队，因此仅以第110师团、独立第9旅团和战车第3师团各一部对洛阳保持监视，主力分路沿黄河南岸向宜阳方向追击。5月12日，日军占领嵩县，切断汤恩伯兵团各部队之间的联系。13日日军在中国关内战场上惟一的机械化兵团第3战车师团占领磁涧，然后一路追杀，长驱直进，14日占宜阳，15日占韩城，17日占洛宁，20日占卢氏。第一战区各部队在日军的强大压迫下退至阌乡地区，战区司令长官部也退到阌乡东南的官庄。至此，洛阳完全被合围。中国军队为挽回战局，以第五、十、一战区部队向日军实施反击，一度克复遂平、鲁山、嵩县，逼近宝丰，截断平汉路，威胁日军侧背。但日军随即放弃卢氏，退守洛宁，同时加紧对洛阳的进攻。

此时洛阳的守军为第15军和第94师，共7个团。5月18日，日军开始进攻洛阳，守军顽强抗击，使日军攻击连连受挫。22日，日军三次攻入洛阳城关，都被守军逐出城外。23日日军持续攻击肃清洛阳外围，守军伤亡惨重，第94师只剩下1700多人。24日日军开始总攻城垣，于下午13时许首先攻破洛阳东北角，守军仍坚持巷战，17时洛阳东北角也被日军突破，18时20分日军坦克部队进入洛阳

■ 日军坦克部队进入洛阳城。

城内，第15军军长武庭麟见大势已去便下令突围，天黑后大部守军撤出洛阳，少数未接到突围命令的守军仍在继续苦战，洛阳城内的巷战彻夜不停，日军直到25日8时才完全占领洛阳。

5月21日，撤退中的中国军队第36集团军总部在陕县张家河遭到日军伏击，总司令李家钰在激战中殉国，6月22日国民政府追赠他为陆军上将，这是抗战中中国军队阵亡的最高级别将领之一。

在短短30多天里，国民党军丧师失地，一路溃退。主要原因是军委会此前虽然已经发现日军修复黄河铁桥，集结兵力等迹象，但认为日军没有力量在中国战场的南北两个方向同时发起大规模进攻，甚至在河南战斗打响后，仍认为日军的主攻方向是在湖南和粤汉线，而在河南的作战只是牵制性的，所以作战准备以及对日军攻势估计不足。国民党军战史资料统计，在河南作战中，第一战区伤亡19144人，日军伤亡约4000人。而日军战史称自身伤亡3350人，中国军队阵亡3.3万人，被俘7800人。第一战区在战役结束后检讨说："此次中原会战，挫师失地，罪戾难辞。"日军以很小代价迅速打通平汉路，并占领包括洛阳在内的沿线要点，击溃了第一战区的主力，实现了预定的战役企图。鉴于第一战区的惨重失利，第一战区司令长官蒋鼎文和副司令长官汤恩伯均被撤职。

李家钰

李家钰（1892－1944年），字其相，四川蒲江人。四川陆军小学堂第四期肄业。1915年在四川陆军军官学校第三期毕业后，在川军充任见习军官，此后在川军第3师中历任团长、旅长。1924年任四川陆军第1师师长。

1925年在四川军阀混战中，占有遂宁、安岳、乐至、潼南等县，拥兵自重人称"遂宁王"。1927年任四川边防军总司令。

1935年川军缩编，任整编104师师长兼四川第一绥靖区司令官，守备西昌。

1936年2月川军再次整编，任第47军军长。

1937年七七卢沟桥事变后通电请缨杀敌，8月率部出川抗战，12月抵达晋东南抗日前线，布防于太行山长治、长子、黎城、潞城一线。

1938年春率部在东阳关、长治同日军激战，挫敌凶焰。后黎城县政府在东阳关建"川军抗日死难纪念碑"，以慰忠魂。

1939年冬，李家钰升任第36集团军总司令。

1940年至1944年，李家钰所部担负河南陕县、渑池、灵宝、阌乡一带黄河防务。1944年5月21日第36集团军总部在陕县张家河遭到日军伏击，李家钰在激战中殉国，为中国军队在抗战中牺牲的最高职务的将领之一。6月22日国民政府追赠他为陆军上将，准入祀忠烈祠。嗣后，在成都举行了国葬，其遗体安葬于成都外南红牌楼。

长沙沦陷

打通平汉路的豫中会战只是打通大陆交通线的北翼部分，"一号作战"主要部分也是第二阶段即在湖南地区的作战。负责这一地区作战的日军第11军是日军在中国战场惟一的野战军，下辖8个师团又1个旅团，为了保障有足够的兵力实现"一号作战"第二阶段作战，日军大本营还从其他地区抽调了步兵2个师团又4个旅团、战车第3联队、炮兵4个大队加强给第11军，并组建了4个野战补充队以便及时补充战斗中的伤亡，还组建了武汉防卫军，负责第11军主力离开武汉后的守备任务。这样就使第11军的总兵力达到了空前的近20万人。

第11军早在1944年3月就制订出了进攻长沙、衡阳的作战计划，但是中国派遣军认为该计划过于消极，而第11军负责拟制作战计划的高级参谋坚决不肯修改计划，只好改调关东军第1方面军高级参谋岛贯武治来担任第11军高级参谋。岛贯拟制的新计划所使用兵力达8个师团，为七七事变以来在中国战场上最大规模的战役。其中第一线便投入5个师团，兵分三路，东路2个师团在平江、浏阳、萍乡、茶陵进行左翼迂回；中路2个师团，沿岳阳至衡阳铁路实施正面推进；西路1个师团由南县渡过洞庭湖，在湘江以西的益阳、宁乡、湘乡进行右翼迂回。当一线部队进至长沙、浏阳、宁乡一线后，二线部队2个师团投入战斗。该计划上报并获得中国派遣军批准，第11军随即开始进行紧张的备战，赶修公路，囤积弹药。

作为"一号作战"的重要目标，便是由第11军负责攻占长沙、衡阳，在打通平汉路之后就提上了议事日程。4月25日，日军第23军作战主任参谋高桥晃来到汉口，与第11军协商两军协同作战事宜，双方商定第23军从6月下旬起以1个联队兵力开始向北江西岸进攻，策应11军作战；7月下旬则以2个师团又1个旅团的兵力向梧州进攻，至9月初与11军主力在柳州会师。同时在浙江方面的第13军也将以1个师团的兵力进攻衢州，牵制吸引中国军队第三战区主力以策应第11军。

5月6日军委会电令第九战区："敌由赣州直攻株洲与衡阳间之情报甚多，务希特别注意与积极构筑据点工事，限期完工，以防万一为要。"5月14日军委会再次电令第九战区："敌打通平汉路后，必定向粤汉路进攻，企图打通南北交通线，以增强其战略上之优势，其发动之期，当在不远，务希积极准备，勿为敌所乘，以粉碎其企图。"但军委会的这几次电令都未让第九战区引起足够重视。

豫中会战一结束，军委会就判断日军必将向湖南的湘桂路粤汉路进攻，再次指示第九战区积极备战。随着日军第11军频繁调动，军委会认为日军即将开始南犯，于5月28日电令第九战区准备决战。直到此时，日军在湘北集结兵力囤积物资，其进攻意图已十分明显，第九战区这才开始仓促调整部署。

5月23日，第11军军部从汉口前移至蒲圻，24日下达"湘桂作战"命令。25日中国派遣军在汉口设立前进指挥部，直接指挥湖南作战。至此日军完成预定的战役集结，第一梯队5个师团位于华容、崇阳一线，第二梯队3个师团位于监利、蒲圻一线，参战各部均已到达进攻出发位置，同时负责空中支援的第5航空军也开始空袭长沙，并与中美空军发生空战。

27日，日军第11军第一梯队的5个师团兵分三路向崇阳、公安、南县一线发起攻击。见日军大举来犯，第九战区司令长官薛岳还是想以此前曾多次奏效的"天炉战法"抗击日军，决心在湘江以东新墙河、汨罗江、捞

附图2 长衡会战敌军进犯路线图

（1944年5月至8月）

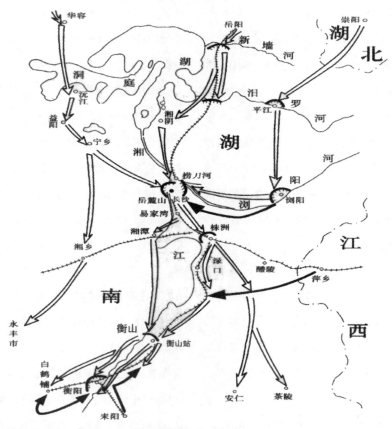

为方便读者阅读附图1至附图5，编者兹将图中有关部队符号注记如下：

68D、116D、13D、58D、40D 为敌之师团。志摩支队为敌特编队。　　0626~0702 示 6 月 26 日至 7 月 2 日。

刀河、浏阳河、渌水之间，在湘江以西的资水、沩水、涟水之间节节抗击，主力从两翼夹击，在渌水、涟水北岸与日军决战。

右路日军接连突破中国军队阻击，于6月1日攻占平江，6月9日中国军队以27集团军向日军发起反击，日军猝不及防，阵脚大乱，但稍加整顿稳定战局后便重新恢复进攻，迫使中国军队后退，随后日军一路追击，6月15日攻占浏阳。

中路日军强渡新墙河后，一路猛攻，8日攻陷湘阴，15日攻陷株洲，从南翼迂回长沙。

左路日军渡过九都大河，击破守军防御，于28日攻占南县，继而再攻安乡，守军与日军激战至31日，战况殊为激烈，守军终因伤亡惨重而不得不退出安乡。日军自6月10日起围攻益阳，第九战区急调第24集团军驰援，但该部先头部队第100军抵达益阳时，守军已经因伤亡过半而弃守，第100军随即发起攻击，经激战后收复益阳。日军攻占益阳后即以主力南下径攻宁乡，克服中国军队第73军、79军的顽强防御，于14日猛攻宁乡，守军为配属73军的74军58师——74军是当时中国军队中的头号王牌，58师师长正是日后的74军军长张灵甫。该师此时正配属73军，负责掩护长沙的侧背，师主力部署在沩水南岸，守备宁乡县城的是173团和174团1营，另加强师迫击炮营的1个连。面对优势日军的猛

攻，拼死抗击，甚至多次与日军白刃肉搏。战至16日，守军终因伤亡惨重再难以击退日军攻势，日军突破城垣冲入城内，但守军仍与日军逐巷逐屋反复争夺。在得知城垣被突破后，张灵甫同意173团团长何澜可以酌情突围。何澜随即率残部突围，但受到日军三面火力封锁，突围失败，何澜也身负重伤。在这样的危急情况下，173团团附蔡亚谔挺身而出，指挥残部220多人退守福音堂继续战斗。此时攻击宁乡的日军也不断遭到外围中国军队的多路围攻，正忙于应付，因此居然攻了一天也没能攻占这个仅有200多人的小据点。19日日军只得撤围宁乡，转兵湘乡，尾随日军南下的第100军随即进入宁乡与福音堂的守军会师。在长沙失守之后的士气低迷时刻，58师173团独守孤城五昼夜，死战不退，成为鼓舞士气的榜样。蔡亚谔因功被授予云麾勋章，并获得4万元奖金。宁乡之战也成为湖南战役初期的少见亮点之一，并凸显出74军头号王牌军的强悍战斗力。

至6月14日，日军已逼近长沙，开始攻击长沙外围阵地。鉴于此前三次攻长沙不克的教训，日军此次进攻比较谨慎，在兵力使用上担负主攻的部队特意挑选了兵员主要来自九州南部，战斗作风比较强悍的第58师团，并在战前着重进行了攻坚作战的强化训练。而预定攻击岳麓山的34师团也强化进行了山地战的训练。在战术运用上，针对薛岳的

"天炉战法"，采用了新的战术，先攻两翼的浏阳、宁乡，解除侧翼威胁，然后才开始进攻长沙。

长沙守军为第4军，辖59师、90师、102师及配属炮兵第3旅，总兵力约3万人。第4军以主力59师和102师守备长沙市区，仅以90师防守岳麓山。这是守军在兵力部署上的重大失误，因为岳麓山为长沙制高点，其得失直接关系到整个长沙的安危，一旦岳麓山有失，长沙势必难保。

16日日军向长沙及岳麓山全线发起总攻，34师团当天便夺取了岳麓山东西两侧的虎形山和牛形山，58师团也在黄昏时分突破长沙城南修械所阵地，致使守军59师全线动摇退守妙高山、天心阁。17日日军猛攻天心阁，双方均死伤惨重，中国军队在空军大力支援下击退日军。但在岳麓山方向，日军68师团58旅团迂回至燕子山，守军90师268团伤亡惨重，岳麓山岌岌可危，由于岳麓山是制高点，且又是守军炮兵阵地所在地，一旦有失，长沙也必将不保。直到此时，指挥长沙防御的第4军军长张德能才意识到岳麓山的重要性，赶紧从市区守军中抽出4个团渡湘江驰援，但下达命令仓促，组织不力，官兵渡河秩序混乱，加之日军以火力侧击渡河部队，致使援军死伤甚众。这里要特别提到一个情况，当时第4军军纪相当涣散，负责控制湘江上船只的军部副官处处长潘孔昭假公济

私，对所控制的船只高价勒索中饱私囊，甚至调用5艘小火轮运载私人财物离开长沙，以致在调集援军渡河时缺少船只，造成渡河的困难。其部队之腐化可见一斑。援军渡河之后，实力大减，已难以挽回危局，岳麓山遂告失守。援军随后在日军尾击下溃散，一直退到邵阳才得到收容整顿，但此时幸存官兵所剩还不到4000人。另外守军当时在长沙的炮兵力量相当之强，炮兵阵地就设在岳麓山，计有德制150毫米榴弹炮6门、苏制76.2毫米野炮11门、德制75毫米山炮12门、美制75毫米山炮12门、37毫米战防炮4门，且炮弹充足，每门炮备弹500发至1000发。抗战时期，在一个战场上集中如此数量的炮兵，是非常罕见的。但是随着岳麓山失守，这些火炮自然也就落入日军之手，幸亏炮兵在最后关头破坏了火炮使敌无法利用（也有说没来得及破坏）。如果衡阳守军能有这些火炮，或者只要有一部分，也足以给日军更多的打击。岳麓山一失，留守长沙的2个团更加无法抗击日军猛攻，只得由北门突围，长沙乃于18日沦陷。

曾经在三次长沙会战中屡挫日军锋芒固若金汤的英雄之城——长沙，这次在日军兵锋之下却仅仅四天就告陷落，实在令人难以置信。究其原因，第一是第九战区过于轻敌，上至战区司令薛岳，下至列兵马夫，都认为经过三次长沙会战的胜利，日军已无再

攻长沙的勇气与信心。第二是战术部署固步自封，盲目信任"天炉战法"可以无往而不胜，而日军却早已充分吸取教训，有了应对之策。第三是长沙防御兵力部署失当，原本薛岳应该亲自坐镇长沙指挥，但却在临战之前率战区司令部撤往耒阳，只留下战区参谋长赵子立在长沙。而给赵的权限却只是联络协同，根本指挥不动守军薛岳的嫡系亲信第4军军长张德能，赵子立认为应加强岳麓山防御，但张德能却将主力置于长沙城内，结果日军迅速夺取岳麓山，居高临下以炮火轰击长沙，致使长沙难以坚守迅速沦陷，可以说将主力置于长沙城内的错误部署是此次长沙迅速沦陷的重要原因。第四是兵力处于劣势，在湖南战场上日军投入兵力达36.8万人，而中国军队仅为30万人左右，虽然此时日军战斗力已比战争初期有了明显下降，但仍比中国军队要强。加之不少中国军队刚刚经过常德之战，未及补充，战斗力尚未恢复。综合而言，日军不仅在质量上而且在数量上均占有优势。

第4军军长张德能指挥不力也是长沙迅速失守的原因，他拒绝赵子立的正确建议，虽然这是薛岳在离开长沙前确定的部署，但作为临阵指挥完全可以随机处置，而他却不以战场实际为念，反以薛岳的指示作为挡箭牌拒绝接受正确建议。在岳麓山告急后，仓促抽兵驰援，方寸大乱，组织混乱，调度失当，且在战局危急时擅自弃城突围，自然难逃罪责，因此8月25日即被军委会以"保卫长沙不力"之罪名下令处决。

兵临衡阳

长沙既失，日军下一个兵锋所指便是湖南中南部重镇衡阳了。

衡阳，为当时湖南第二大城市，粤汉线、湘桂线在此连接，从湖南腹地通往西南大后方的多条公路也从这里经过，是西南交通的枢纽。而衡阳飞机场是中美空军的重要基地之一，一旦失守将使空袭日本本土的轰炸机前进机场退至桂林，航线距离将延长2000公里以上！此外，衡阳还是湘江、蒸水和耒水的交汇之处，依靠这些江河，可以转运湖南出产的大量粮食、矿产等资源。因此一旦衡阳失守，无论在交通、军事还是经济上都将带来巨大的灾难性后果。有鉴于此，衡阳自然而然成为日军"一号作战"的重要目标。

日军在湖南作战的战略构想中，计划对湘江以西地区取守势，而主力投入湘江以东，衡阳是作为重要目标必须予以攻占并确保，并认为作战的关键是与中国军队在长沙、衡阳之间的决战，估计在攻击长沙时还不会马上就出现因中国军队主力两翼夹击而引起的决战，但在进攻衡阳时，必然会出现主力对决，那么就可在进攻衡阳时围歼第九战区主力。因此日军湖南作战的主要意图就是夺取衡阳，并在衡阳周围的主力决战中歼灭第九战区主力。日军还分析到，鉴于第六战区的主力在此前的常德会战中已有较大损失，尚未完全恢复，其对衡阳方面的侧翼威胁不大。而第九战区位于纵深的主力部队才是最值得重视的威胁，因此必须集中兵力于第九战区主力所在的湘东山地。在具体兵力分配上，以1个师团用于湘江以西，2个师团进攻衡阳，以3个师团用于湘东山地（后增至4个师团，共计36个步兵大队）——应该说日军对战局的预测还是比较准确的，兵力使用也是轻重得当，在庙算上已经赢得了先机。

根据这一战略构想，日军第11军于6月20日下达攻击作战命令：

1.第11军乘敌战备尚未完成之际，迅速攻克衡阳，同时搜寻前来增援之敌，就地予以围歼。

2.第116师团应以主力向易俗河、白果市、两路口附近，向衡阳西南挺进，占领衡阳；第116师团一部向湘乡推进，肃清当面之敌后，即向白果市前进，与主力会合。特别应以部分兵力沿易俗河、南岳市、九渡铺地区前进，与第68师团相策应，同时派出有力一部向白鹤铺方向前进，阻敌增援，并切断湘桂铁路。

3.第68师团应继续执行此前任务，歼灭当面之敌，迅速占领粤汉铁路及衡阳机场，协同第116师团攻取衡阳。

4.第218联队溯湘江而上，协同第68师团攻占涞水、耒水及衡阳以东铁路桥，并协助第68师团渡湘江。

■ 战前的衡阳城，古朴而平静。

5.第13师团应继续执行此前任务，以主力围歼萍乡附近之敌，同时以有力部队向攸县推进，师团主力视情况再向攸县跟进。

6.第40师团占领湘乡之后，肃清当面之敌，并做好在益阳及永丰方向作战的准备，在长白湖以南及朱良桥地区部署兵力，确保湘江运输。

7.第34师团以主力渡过湘江，扫荡湘江以东翎坑－永安－金井－瓮江一线，摧毁达摩山周围敌军据点。

8.第58师团协助空军迅速在长沙、湘潭建立机场，掩护从渌口到湘江下游的水上运输，并确保长沙、岳麓山及湘潭地区。

9.第3师团以主力搜索并围歼萍乡以南地区之敌，随后在萍乡以南集结，以部分兵力留驻浏阳，策应第27师团，围歼浏阳以北地区之敌。

10.第27师团应继续执行此前任务，以第3师团协同，围歼浏阳以北之敌。

中国军队方面对衡阳会战的战略构想还是"天炉战法"的老套路，中间正面堵，两翼夹击，击退来犯日军。6月20日军委会下达衡阳会战的作战命令：

1.以确保衡阳为目的，阻敌深入，以一部于渌口、衡山之间作持久抵抗，主力由醴陵、浏阳向西，由宁乡、益阳向东，击破深入之敌。

2.第30集团军先击破醴陵东北之敌，再攻击南下之敌侧背。

3.第27集团军先击破醴陵以北之敌，再协同第30集团军攻击南下之敌侧背。

4.第27集团军副司令欧震指挥第37军和第10军第3师，在渌口、衡山之间作持久抵抗，阻敌深入。

5.第24集团军攻击湘江以西之敌，并以一部守备湘乡。

6.第24集团军副司令李玉堂指挥第10军（欠第3师）、暂编第54师（1个团）守备衡阳机场。

7.军委会直辖第62军置于衡阳西南地区。

就在双方同时下达作战命令的6月20日，日军第68师团已经开始向衡阳推进，衡阳会战全面展开。衡阳会战乃为一号作战第二阶段湖南地区湘桂线作战（也称长衡会战）的重要组成部分，由几乎是同时交错进行的4个战役组成，由于这4个战役时间地点上相互穿插交错，为了能完整畅通地介绍整个会战，笔者便按第九战区主力在茶陵、醴陵湘东山地对日反击的湘东作战（也称茶陵反击战）、第六战区第24集团军在永丰（今双峰）、湘乡等地展开攻势的湘西作战（也称双峰之战）、第10军坚守衡阳的衡阳保卫战和李玉堂兵团在衡阳西南、西北救援衡阳的衡阳解围战的顺序来叙述。

雁城衡阳

衡阳位于湖南省中南部，湘江中游。东邻株洲、攸县、安仁；南界永兴、桂阳；西接冷水滩、祁阳、东安、邵阳、邵东；北靠双峰、湘潭，是湘中南最大的城市和政治、经济、文化中心。现辖衡南、衡阳、衡山、衡东、祁东五县和耒阳、常宁两市及雁峰、石鼓、蒸湘、珠晖、南岳五区，南北最长约150公里、东西最宽约173公里，总面积15310平方公里，人口约720万人。相传每年从北方南下越冬的大雁都会在衡阳停歇栖息而后北归，"北雁南飞，至此歇翅停回"，故而衡阳又称"雁城"。

衡阳的历史相当悠久，五六千年前，就有先人在此定居生活。衡阳地区古属三苗、杨越，春秋时属楚国。公元前221年，秦始皇统一全国将原楚国南部分为黔中、长沙两郡，衡阳地区为长沙郡所辖。汉高祖五年（公元前201年）始设酃县，属长沙国。公元220年，三国时的东吴于长沙郡西部设衡阳郡（衡阳者，山南为阳，衡山之南也），郡治设在今湘乡，下辖蒸阳（今衡阳县）、重安（今衡南县）、湘南、湘西（今衡山、衡东、南岳区）、湘乡、益阳等县。这是历史上第一次出现以衡阳命名的行政区划。公元589年，隋灭陈，废湘东、衡阳郡，改设衡州，将临蒸改为衡阳县，州城、县城均在湘江东岸。这是历史上第一次出现衡阳县。

1942年衡阳市正式建市，首任市长朱玖莹，市区辖8个区118个保1095个甲，面积23平方公里，人口约21万人。1943年衡阳市改为省辖市，但仍是市县并存。1983年7月，原衡阳地区与衡阳市合并，实行市管县新体制。衡阳市现辖衡阳、衡南、衡东、衡山、祁东等五县和耒阳、常宁两个县级市，以及江东、城南、城北、郊区、南岳五个县级区。

地理上衡阳处于湖南省凹形面的轴带部分，周围环绕着古老岩层形成断续环带的岭脊山地，内有大面积丘陵台地，构成典型的盆地形势。地势南高北低，南面

1000米以上的山脉连绵数十公里，而盆地北面相对地势偏低，虽有衡山山脉，但各峰呈峰林状屹立于中间。东西两面都有较低的南北向通道，东侧湘江河谷两岸海拔高度均在100米以下。整个地形由西南向东北复合倾斜，而盆地由四周向中部降低。地貌类型以岗丘为主。四周山、丘围绕，中部平、岗丘交错。东部为罗霄山余脉天光山、四方山、园明坳；南部为南岭余脉塔山、大义山、天门仙、景峰坳；西部为越城岭的延伸熊罴岭、四明山、腾云岭；西北部、北部为大云山、九峰山和南岳衡山。中部为衡阳盆地主体，面积约3550平方公里。市境最高点为衡山祝融峰，海拔1290米，最低点为衡东的彭陂港，海拔只有39.2米。境内有河长5公里或流域面积10平方公里以上的江河溪流393条，总长达8355公里，河网密度为每平方公里0.55公里。发源于广西兴安的湘江干流，自祁东归阳镇入境，依次流经祁东县、衡南县、常宁市、市区、衡阳县、衡山县和衡东县，在衡阳境内长226公里。境内流域面积在3000平方公里以上的湘江支流有舂陵水、蒸水、耒水和洣水。尤其是湘江、蒸水和耒水在市中心汇合。北依衡山、南接五岭，西邻黔滇，东连赣浙，北通鄂豫，地形险要居胜，自古就是南北要冲湖广咽喉，有着"水衍三湘，峰连七二"之称，历来是兵家必争之地，因此自汉以降，历朝都在衡阳设置军事机构。

■ 远眺今日衡阳城。

衡阳地处亚热带，是南北冷暖气流交汇之地，季风现象明显，降水充沛，无霜期长，因此非常适合农作物生长，尤其是水稻的生长。因此衡阳素有"鱼米之乡"的美誉。同时衡阳物华天宝，矿产资源丰富，主要有金、银、铅、锌、煤、高岭土、岩盐、钠长石等50多种，其中钠长石储量为亚洲之首，高岭土和岩盐的储量都居全国前列。

自古衡阳也是中南地区的交通枢纽，隋唐时就已经是南方的水陆交通中心，设有临蒸驿。宋元以来更是水陆交通要津。20世纪20年代，衡阳地区的公路和粤汉、湘桂铁路以及机场的先后建成，使衡阳成为中南地区的水路、公路、铁路和航空交通的枢纽中心。

衡阳山河壮丽，景色秀美，素称"寰中佳丽"，有"青杉翠竹是衡州"之誉。唐代王勃的《滕王阁序》中"雁阵惊寒，声断衡阳之浦"的诗句脍炙人口。衡阳人杰地灵，英才辈出，文化底蕴深厚，是蜚声中外的"文明奥区"。宋朝朱熹、张轼讲学论道的天下四大书院之一的石鼓书院就在衡阳石鼓山。

衡阳风景名胜，见于历代名家诗文的为数甚多。集于市区、便于游览参观的共有八处，称做"衡阳八景"。"八景"之名，源于明清之际的著名旅行家徐霞客，分别为：雁峰烟雨、石鼓江山、花药春溪、岳屏雪鸟、朱陵仙洞、青草桥头、东洲桃浪和西湖白莲。

抗战时期，素有"鱼米之乡"美誉的衡阳更是成为重要的粮食产区，国民政府采取了很多措施来促进粮食生产。1938年衡阳（包括祁阳）共有稻田396万亩，1939年收稻谷共7.6亿公斤，1940年稻谷总产量更是达到了9.5亿公斤。工商业方面，由于上海、武汉、广州相继沦陷，长沙又迭经战火，大批工厂迁至衡阳，同业公会更是多达46个，工商业的繁盛使衡阳有了"小上海"之称，成为大后方仅次于重庆和昆明的第三大经济中心。金融方面，衡阳也迅速得到空前发展，公私银行多达32家，1942年衡阳银行业日平均流动资金高达法币5亿元，日平均承兑资金法币3000万元，成为仅次于重庆和昆明的第三大金融市场。其中1938年1月正式开业的中央银行衡阳分行（今衡阳中山南路128号，现为工商银行衡阳分行城南支行方园分理处），后来就是衡阳之战中第10军军部所在地。衡阳的人口也由于大量流动人口和难民的涌入，激增至53万人。另外，因为中国军队最高领导机构军事委员会先后四次在南岳衡山召开军事会议，再加上1939年1月起与中共合作在衡山举办游击干部训练班，因此衡山脚下的衡阳自然也成为国共两党高级军政要员时常往来之地。由此可见，抗战中衡阳在经济、交通、政治各方面的作用非常重大。

茶陵反击

6月20日，在湘江以东的日军第3师团以部分兵力向浏阳以北攻击，以主力向浏阳东南急进；第13师团以部分兵力向攸县推进，主力向萍乡攻击前进。在湘江以东防御的中国军队第37军顶不住日军的猛烈攻势，放弃醴陵，退守泗汾铺、杉仙间。见日军开始大规模地进攻，第九战区火速调集兵力，第72军进至清溪、福田桥地区；第58军展开反击，收复湘东；第70军赶到上栗市；第44军进抵浏阳。6月21日，上述各部均与当面日军展开了激战。同时第九战区命令第37军以一部在横岭关阻敌南进，主力秘密转移至安仁集结；第26军以一部加强横岭关防御，主力向泗汾铺集结；第58军、72军沿湘赣铁路两侧向醴陵以东攻击前进；第44军、70军向醴陵以北攻击前进，计划夹击醴陵一线日军。

6月24日，各部按计划展开攻击，但醴陵日军第3师团第68联队已经南下，并于25日攻占攸县，因此第九战区赶紧调整部署，以第37军迎击攸县之敌；第20、44军向茶陵集结；第72军新编第13师攻击萍乡，而在汨罗江西岸的162师和99师则向醴陵攻击，掖击敌之侧背。日军第13师团猛攻萍乡，第72军被迫撤向石桥，日军在突破72军防线后继续南下，同时攸县方向的第68联队则进至渌口。

6月27日，第37军与渌田地区日军激战，阻敌南进。第58军、72军也相继迫近，日军退向醴陵东南，第九战区乘势组织反击。战至7月1日，58军攻入醴陵，72军夺取横岭铺与黄土岭。经两天激战，58军予日军第3师团骑兵第3联队以重创后收复醴陵，日军退守醴陵西北高地。随后日军调集第27师团主力、第3辎重兵联队、第68联队第1大队等部多路驰援，当日军增援部队赶至白兔潭时，而72军主力也到达白兔潭，双方援军就在此展开激战，72军苦战不支，撤至白兔头潭以东山地。而退守醴陵西北高地的日军在得到增援后向醴陵大举反扑，于9日冲入城内，58军与其逐街逐巷争夺，战至10日终因伤亡太大而退出醴陵。日军复占醴陵后继续咬住58军，7月16日，58军新的防线还未完全组织起来就被日军突破，17日另一路日军迂回南下，包抄58军侧背。58军且战且退，于20日退至麻山、桐田一线。72军见58军处境危急，抽兵侧击泗汾铺，并于18日占领狮子岩、钢金铺一线，但随后在西山遭到日军反击，损失颇大。第30集团军随即令162师和99师东进，协同58军在萍乡北、西两面占领阵地。由于该两师东进，致使萍乡空虚，遂被日军占领。

25日晚日军向萍乡一线的58军发起总攻，58军抵敌不住退至五陂下、源头，但在日军强大攻势压迫下再退至九洲、刘家。见日军萍乡一线部队态势突出，第九战区决心消灭进攻萍乡之敌，以162师和99师攻击萍乡以西之敌，58军坚守萍乡正面，72军侧击湘乡以东之敌。29日起各部全线出击，激战至8月4日，萍乡为162师和99师所克，58军则攻占长潭、小桥下，惟有72军遭日军顽强反击伤亡较大，被迫退至黄家村、广寒寨一线。

鉴于日军第3师团正向莲花推进，第九战区乃令萍乡地区部队在肃清当面之敌后迅速转兵醴陵、莲花，58军、72军迅速赶至醴陵，发起攻击，但58军于7月16日奉命参加衡阳解围战而由72军独立担负攻击醴陵。162师和99师于8月13日攻至莲花附近，由于此时日军已转向茶陵，遂改向茶陵前进，并于16日到达茶陵西郊，而日军又转向安仁，再向安仁急进，攻击茶陵的任务则由第161师接替。在攸县、安仁方向，第20、37、44军于7月2日发起攻击，20军于5日收复渌田、草市后除以一部担负守备，主力转向茶陵。44军则由拓桑渡河，迫近官亭，在攸县与日军接战。37军向安仁以北日军猛攻，迫使日军退往潭湖，37军以一部衔尾追击，一部向平田圩迁回。

12日，日军向20军左翼反击，第133师被迫撤至茶陵以南。13日20军在茶陵东北一线阵地被突破，20军只得收容部队后撤，茶陵于14日失守。同时安仁方向日军也于14日开始反击，最初被守军击退，但日军随即以一部迁回腰陂，包抄44军右翼，44军主动后撤

以避免腹背受敌。日军第11军见此时衡阳急切难下，而湘江东山地战事正紧，便决定转兵围歼此地中国军队。以第3师团就地坚守，调第34师团由长沙南下醴陵，会同第27师团并列向东攻击萍乡，然后向南迁回茶陵。并命耒阳第13师团抽调1个联队，向茶陵以南界首推进，威胁湘东中国军队后路。

23日，日军第34师团与27师团由腰坳南下，44军于古城坳、河渡、湾下、狮子岩一线阻击，20军则向营盘岭之敌攻击。当晚由耒阳出动之日军104联队向江口圳攻击前进，20军派出1个团前往截击，37军则派出1个团追击。24日，日军分别攻占月岭下、草陵，形成了对20军的合围之势。20军为免遭合围，立即向湖口墟转移，44军为策应20军的转移，猛攻湾下之敌，37军也以主力向安平司攻击。日军乘37军主力转兵，猛攻安仁。

26日，日军占领界首，尾追日军的暂编第2军协同37军全力反击，但未奏效，反而付出不少伤亡，暂编第2军退守枧田，37军退守安平司。30日，日军突破37军在安平司阵地，迫使37军退至羊际市、罗家桥一线。20军、44军乘机侧击茶陵、界首之敌，8月1日20军收复界首，日军被迫向安仁败退，但安仁守军1个营在经过数日苦战之后伤亡殆尽，安仁遂告陷落。

8月2日，第九战区命44军进攻茶陵，20军一部攻击安仁，37军协同暂编第2军攻歼西

附图3 **日军攻略长沙、衡阳示意图**（1944年5月至6月）
根据日本防卫厅战史室《湖南会战》

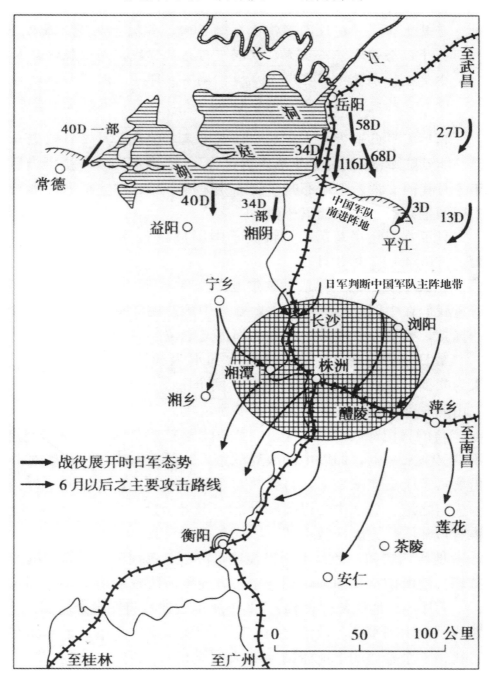

长衡会战双方作战序列

日军

		第3师团	山本三
第11军	横山勇	第13师团	赤鹿理
		第68师团	佐久间为人/堤三树男
		第116师团	岩永旺
		第40师团	青木成一
		第34师团	伴健雄
		第58师团	毛利末广
		第37师团	长野佑一郎
		第27师团	竹下义晴

中国

第九战区 薛岳	第30集团军 王陵基	第72军	傅翼
		第58军	鲁道源
	第27集团军 杨森	第20军	杨汉域
		第44军	王泽浚
	欧震兵团 欧震	第26军	丁治磐
		师第37军	罗奇
		暂编第2军	沈发藻
	李玉堂兵团 李玉堂	第10军	方先觉
		第46军	黎行恕
		第62军	黄涛
	第24集团军 王耀武	第73军	彭位仁
		第74军	施中诚
		第79军	王甲本
		第100军	李天霞
	战区直辖	第4军	张德能
		第99军	梁汉明
		炮兵第3旅	王若卿
		工兵第5团	
		工兵14团	
		通信第1团	
		宪兵第18团	
		特务团	

进之敌。各部遵照此命令于3日发起进攻，日军穷于应付不得不退向安仁西南，稍事整顿即向羊际市突进，于22日攻占羊际市。20军随即赶赴羊际市东南以阻截日军进一步南下。此时第99师和第162师已赶来，37军则渡过耒河，向秧田墟推进。26日20军兵分两路，一路在羊际市东南阻击日军，一路攻击安仁，99师进至双排山一线，162师由钩刁柴侧击羊际市日军。在多路国军的协同攻击下，安仁、羊际市地区日军被迫停止进攻撤回衡阳。20军扫荡残敌，并乘势进占羊际市、罗家桥。44军以1个师围攻茶陵，主力控制于界首、安平司。至此，安仁、茶陵方向战斗渐趋平息。

耒阳方向，7月1日日军第13师团104联队攻陷肥江口，耒阳警备司令部迅速调104师418团及暂编54师的1个营前往阻击，26军也随即转向肥江口。7月2日日军渡耒河，攻击耒阳城，被守军击退。4日，26军赶至肥江口，随即发起反击，于6日收复肥江口。随后以一部加强耒阳防御力量，主力向小水铺攻击前进，但日军据险阻击，推进难有进展。10日，日军一部突然迂回至耒阳城南，切断26军后路，26军见两面受敌，难以坚持只得退过耒河，耒阳守军孤掌难鸣无力支持，遂告失守。

21日，日军13师团104联队开始向茶陵推进，暂编第2军以1个师尾追，主力乘虚收

复耒阳，然后以一部南下进击小水铺之敌。日军104联队见丢了耒阳，便回师返攻，暂编第2军与之激战数日，伤亡奇重，只得退过耒河，8月7日耒阳再告陷落。暂编第2军渡过耒河后稍加整顿补充，又于13日再渡过耒河，反击耒阳及灶头市之敌，与37军、20军等部的反击相呼应。

9月2日，军委会判断日军有进犯邵阳、零陵，西窥广西的迹象，遂令第九战区抽调20军、37军赶赴新田、零陵，茶陵反击至此结束。

茶陵反击虽然给予东路日军一定的打击，但是一方面日军早已熟悉了中间顶两面夹的"天炉战法"，对湘江以东地区格外重视，布置2个师团的兵力以屏护攻击衡阳部队的侧背；另一方面中国军队在此方向的进攻，还是不够积极果敢，一直仅限于萍乡、茶陵地区，对于战事焦点的衡阳实在是有些隔靴搔痒的味道。

双峰作战

6月21日，日军第40师团在飞机掩护下猛攻湘乡，守军第99军新编第23师顽强坚守，力战至黄昏终于不支，残部向石狮江突围，湘乡沦陷。第九战区急令第73军、100军反攻，第99军阻击由湘乡西进之敌。日军占领湘乡后几乎未作停顿便继续西进，23日攻占

三枣子、石狮江，中国军队新编第23、92师等部向蒋市街、永丰撤退。当晚99军收容部队，以新编23师防守永丰，新编32师在蒋市街以东山地选择有利地形阻击，92师坚守耒阳。

25日，尾追日军的73军与日军在柳树铺、栗板桥接战，战况很快就呈白热化。鉴于日军第40师团主力从湘乡西进，仅有少数兵力留守湘乡郊外大育桥、下湾铺。第24集团军司令王耀武命58师移驻永丰，15师攻击大育桥。

28日，15师向大育桥之敌发起猛攻，日军虽然兵力不多，但防御相当顽强，战斗呈胶着状态。7月2日，日军主力一部向15师反击，另一部经荷叶塘沿潭宝公路进攻永丰，58师随即于双港、牌楼铺等地展开阻击。

7月3日，日军向永丰发起总攻，守军58师顽强奋战，但因日军兵力火力均占优势，不得不退至城南丛山殿、五里牌一线，永丰遂为日军所占。王耀武立即命100军向永丰反击，并切断永丰与湘乡两地之间的联系。

7日，100军向日军发起猛烈反击，58师也乘势反攻，并于次日攻入永丰城内，日军在58师奋勇冲击下，被迫退出永丰。在空军支援下，第100军和58师继续进攻，于11日进占金田桥，迫日军退守桃林山。同时湘乡方向的15师也连连发动攻势，其43团更是积极向敌后出击，甚至一度进至岳麓山一带活动。

收复永丰之后，24集团军为策应衡阳防御，以73军牵制湘乡、岳麓山一线日军，第62军、79军、100军主力沿湘桂公路、衡宝公路向衡阳分进，58师继续攻击当面桃林山之敌。22日，58师突破日军防线，并尾敌追击，加入衡阳外围作战。双峰作战至此结束。

第二章
一攻衡阳

衡阳战备

两翼夹击未能如期实现，那么负责中间堵的自然将承受巨大的压力，这个卡在中间的塞子正是衡阳。

守备衡阳的部队是第10军，该军下辖第3师、190师和预备第10师，为加强衡阳守备力量，第九战区将正在衡阳的第74军野炮营（该营正拟赴昆明换装，所属火炮大都已交出，仅余三八式75毫米野炮4门）、第48师战防炮营（57毫米战防炮6门）和46军炮兵营的1个山炮连（75毫米山炮4门）以及担负衡阳机场警卫的暂编第54师1个团全部划归第10军，但第10军190师为后调师，所谓后调师是

指将兵员全部转拨给友邻部队（该师兵员全部转拨到第3师和预10师），仅保留班长以上各级军事干部，随后到后方接受新兵，加以整训后再归建。本来190师正要开往后方接受新兵，因战事爆发，军长方先觉便把该师留了下来。在190师的3个团中，只有570团是完整的建制团，568团和569团都是只有干部而没有兵员。正是考虑到190师是后调师，所以军委会才临时将新编19师划归第10军指挥，不过新19师在第10军序列里也只有很短的一段时间，6月13日又被调往全州。作为补偿，军委会又将暂编第54师划归第10军，但是暂编54师在衡阳地区只有师部和第1团，另外2个团均不在衡阳，也就根本无法参加衡阳之

■ 大战在即，蒋介石与宋美龄乘飞机抵达衡阳城看望守城的第10军。

战。这样第10军名义上是3个师9个团，实际仅7个团，且刚刚经过常德会战而未及补充，加上暂54师的1个团，总共才8个团1.7万人。

而此时第10军内部还有着人事上的麻烦，军长方先觉因在第三次长沙会战和常德会战中的杰出表现而声名大噪，自然有些志得意满起来，甚至连战区司令长官薛岳也渐渐不放在眼里，有些命令执行起来也就阳奉阴违了。特别是在常德会战中，薛岳越级指挥抽调190师，使第10军侧翼暴露，方先觉因此与之发生争执，更是结下了过节。于是薛岳开始指派亲信到第10军任职，如先任军参谋长后任第190师师长的容有略。方先觉也不是省油的灯，对薛岳指派的人或借故撤职或寻机法办。这就使两人矛盾激化，最终还是薛岳占了上风，方先觉被免去军长职务，调任军事委员会高级参议，而由陈素农（也有资料称是方日英）继任军长。就在陈素农赴任途中，日军开始发动湖南会战，兵锋直指衡阳。陈素农见日军势大，不敢赴任，一纸报告呈交军委会称临阵换将于军不利。参谋总长何应钦在报告上批示："赴任未说此时说，分明就是临阵畏怯！"新军长没到任，而战事已迫在眉睫，真要临阵换将，确实于军不利，薛岳只好拉下脸面命令仍在衡山等候办理移交手续的方先觉代理第10军军长，负责指挥衡阳保卫战。方先觉怎么会买这个账，一再推辞。消息传到蒋介石耳里，蒋介

■ 第九战区司令长官薛岳。

■ 第10军军长方先觉将军。

国民革命军第10军

在国民革命军序列中，最早的陆军第10军是黔军王天培部。1926年5月，黔军第2师王天培部改编为国民革命军第10军。第10军成立之初，下辖4个师，即第28师、第29师、第30师和教导师，共约3万人。北伐开始后，王天培任左翼军副总指挥率第9军、第10军由湖南常德出澧州进攻直军长江上游总司令卢金山所部。1926年12月卢金山战败，被迫投降，鄂西地区尽归国民政府所有。随后王天培收编了卢金山残部和川军罗观光部，使第10军总兵力迅速扩编到9万人。由于第10军扩编太过迅速，引起了中央的不满，一直只发第10军成立之初时每月三十万元的军饷，这使第10军经济相当拮据，除了必需的伙食费外，甚至连官兵的鞋袜都没钱购置。1927年3月，军事委员会撤消了北伐军左翼军总指挥部的番号，王天培改任江左军前敌总指挥，仍兼第10军军长，率部进入安徽，相继占领安庆、寿县。4月，第10军主力船运南京，沿长江布防。5月王天培改任第3路军前敌总指挥，担负肃清津浦路南段以及江北之敌的任务。第10军进军神速，先后攻占夹沟、徐州、临城、藤县。但随即遭到直鲁联军的反扑，由于此时友军大都退出战斗后调，第10军独立难支，一路败退，最后于7月放弃徐州。徐州失守后，国民政府在舆论的大局压力下，决定集中第1、第10、第27、第32、第44军5个军的兵力实施反攻，第10军所在的左翼接连攻占宿州、夹沟、萧县，并一度攻入徐州。但右翼、中路友军却相继战败后撤，势单力孤的第10军随即遭到包围，王天培见收复徐州已不可能，只得忍痛下令撤退。第10军在突围中损失惨重，伤亡大半，总兵力锐减到2万人。

反攻徐州失利后，王天培被以召开军事会议为名骗回南京逮捕，随后便以"克扣军饷、临阵退却"的罪名枪决。其实克扣军饷是因为总部所发军饷不足所致，而退却是完全根据总司令部的命令行事，正所谓欲加之罪何患无辞。王天培死后，第10军随即一片大乱，副军长高冠吾怕受牵连而自请辞职，第30师师长王天生、第28师师长王天锡先后离职，由第29师师长杨胜治代理军长，2个教导师也脱离第10军自行寻找出路，剩余部队被缩编为3个师，即第28师、第29师、第30师。

1927年10月，第10军开赴江宁整顿，白崇禧准备将第10军缩编后并入他自兼军长的第13军，因此代军长杨胜治决定将部队带到江西投靠朱培德，11月当第10军的先头部队抵达宣城时，白崇禧调来37军对第10军的后续部队进行截击。杨胜治搭上何应钦的关系，由何应钦出面解救了第10军的危机。此事平息后，军部军械处长周志群、第30师代理师长罗启疆等人都觉得杨胜治在第10军中清除王天培的势力，所作所为很不得人心，便先后带着5个团脱离第10军分别投靠朱培德和白崇禧。就这样已经缩编为3个师9个团的第10军，仅剩下了4个团的兵力。

1928年4月，整顿就绪的第10军再度参加北伐，收复徐州，随后在曹八集击溃了奉系安国军，攻入山东，先后攻占台儿庄、峄城，并于5月1日配合友军攻占济南。1928年7月，第10军根据全国编遣会议的决定，被缩编为第10师29旅，原军长杨胜治降任第10师副师长兼第29旅旅长，所部缩编为2个团。

此后第29旅参加中原大战，先后攻占蒙城、涡阳、亳州，在津浦线作战中，先解济南之围，后配合友军攻占开封、郑州，立下不小战功。但中原大战结束后，这支部队却因非中央嫡系的缘故，于1931年1月被撤消番号，所部分别编入第2师和第3师。

第二个第10军番号的部队是徐源泉直鲁联军的余部，1928年5月直鲁联军在天津被国民革命军击败后，直鲁联军第6军军长徐源泉率所部投靠了南京政府，所部被改编为国民革命军第48师。1929年12月，军委会以第48师、新编第2旅等部组成第10军，由徐源泉任军长。

1930年中原大战爆发后，第10军奉令调至河南周家口阻止冯玉祥部南下，与冯部主力吉鸿昌、冯治安部苦战两个月，成功阻止其南下。

"七七"事变后，第10军于1937年10月开赴南京参战，防守五龙山炮台至栖霞山一带阵地。日军攻入南京后，第10军乘夜渡过长江，撤至麻城，但部队已损失过半。经过短期休整，第10军奉命守备合肥，但很快便在日军攻击下失守合肥。随后在太湖、潜山活动，以牵制日军向武汉进攻。当徐源泉听说武汉危急后，便率部撤至麻城。但在随后掩护友军通过平汉铁路的作战中，仅坚持了4天就溃败了。徐源泉因此被撤职查办，同时第10军撤消番号，缩编为第41师，由丁治磐担任师长。

第三个第10军便是在抗战中赫赫有名的雄师劲旅。在徐源泉的第10军被撤消番号后，国民政府又于1939年7月5日重新组建第10军，不过这个第10军成立之初，却仅辖有一个第190师而已。190师的前身是1937年9月组建的预备第4师（师长梁华盛），1938年1月预备第4师因"整备绩优"而被编入正规野战军部队，改称第190师，师长仍是梁华盛。在武汉会战中，190师在高陇接连击退日军精锐部队海军陆战队的几十次强攻。九江沦陷后，第190师在东、西孤岭血战20余天，再次挫敌。10月190师退往德安配合友军139师守城，历时半月，给日军以沉重打击。武汉沦陷后，190师撤往高安休整。鉴于190师在武汉会战中的出色表现，梁华盛升任第25军副军长兼第190师师长。1939年7月5日，军委会以190师为基础重新组建第10军，由梁华盛任军长。

1940年5月，第10军与第8军合并组成新的第10军，下辖第3师、第190师和预备第10师3个师，军长由原第8军军长李玉堂担任。其中第3师来自于第8军，是一支具有悠久历史的部队，其前身是由黄埔军校教导师和补充师改编而成的第20、第21和69师。预备第10师原隶属于第86军，也是在抗战爆发后才组建的预备部队，与190师不同，这个师并没有转换为正规番号便开赴前线作战。以至后来在与日军作战时，对手常常会因为轻视这支番号带有"预备"字样的部队而遭到沉重打击。

第10军组建后便开往沅陵、泸溪整训，1941年9月奉命参加第二次长沙会战，在高桥、金井、福临铺一线迎击来犯日军，经两昼夜激战，第10军福临铺、金井阵地被突破，军长李玉堂收容余部，撤往捞刀河以南利用有利地形继续阻击日军。李玉堂亲自上阵督战，使官兵士气高昂，苦战四昼夜，坚持到援军赶到将日军击退。战后，第10军非但没有受到嘉奖，反而因为福临铺、金井失守，军长李玉堂被撤职。但这一决定遭到了第10军官兵的强烈抵触，他们认为第10军在第二次长沙会战中是有战功的，就算不嘉奖，但也不应该把军长撤职。而新任第10军军长的钟彬是李玉堂的黄埔一期同学，很同情李玉堂，所以借故推迟上任时间，使得第10军一时间成了一支没有军长的队伍。

1941年12月，日军第三次进犯长沙，而负责长沙守备的第10军却没有军长。于是第九战区司令长官薛岳决定让李玉堂复出，重新指挥第10军。1942年1月，日军猛攻长沙，第10军奋勇抗击，3个师长均亲临一线督战，终将日军击退。其中尤以在南门的预10师战况最为激烈，该师3个团以梯次部署，前赴后继，战至最后，南门外的三个山头仍在最后投入战斗的28团手中，但28团全团也只剩下58人！随着外线中国军队相继投入反攻，第10军也乘胜追击，给日军以重创。战后，李玉堂升任第27集团军副总司令兼第10军军长，同年3月李玉堂辞去第10军军长兼职，专任第27集团军副总司令，由预备第10师师长方先觉升任军长。

1943年10月常德会战爆发，第10军奉命由长沙赴援，在战区司令长官薛岳的严令下，第10军不得不面对优势日军强行攻击，结果左翼的预10师遭到日军伏击，师长孙明瑾、参谋处长陈飞龙阵亡，副师长兼第28团团长葛先才重伤，第30团团长李长和失踪。预10师遭此厄运，只能由副师长兼政治部主任李拔夫和参谋长何竹本收容残部，后撤休整。

右翼的第3师集中全师力量突击，终于突入德山。但此时预10师已经失去战斗力，无法协同第3师扩张战果，方先觉只能命令预备队190师前往增援第3师。但是190师师长朱岳素与方先觉不和，便利用薛岳直接命令190师在进至牛路汊后停止待命的借口，拒不出动，坐看第3师在前线血战，而当日军有部队迂回穿插后便撤往衡山。得不到增援的第3师仍向常德奋勇推进，其先头部队一度攻占常德火车站，接应常德守军57师残部数百人突围。面对优势日军的合围，加之57师师长余程万已经带着残部放弃常德突围，第3师只好撤出德山。

常德会战结束后，薛岳将第10军军长方先觉撤职，同时也将190师师长朱岳调离。

1944年5月长衡会战爆发，第10军进驻衡阳，尚未离开第10军的方先觉也重执军长之权，在随后展开的衡阳战役中，率第10军坚守孤城衡阳，与数倍于己的日军血战47天，予敌以重创，谱写了抗战史上光辉的一页。

■ 身佩泰山军（注：第10军代号泰山军）徽章的方先觉将军，1944年摄于重庆（照片提供者：陆敬业之子陆启东）。

石亲自给方先觉打来电话，大骂方先觉昏庸，"日军已经逼近衡阳，而你居然还在和战区长官怄气，置民族大义于不顾，成何体统？"老校长的训斥把方先觉骂醒了，当即表示一定积极部署固守衡阳，发扬第10军优良传统，坚决抗击日军来犯——一场人事风波终于在战前得以消弭。

■ 第190师师长容有略将军。　　■ 预备第10师师长葛先才将军。

5月29日，蒋介石用长途电话向正在衡山的第10军下达立即开赴衡阳，确保衡阳十天至两周的命令。同时军委会电令第九战区"令第10军（附暂54师主力）固守衡阳，但以一师主力开易俗河，掩护湘潭、衡阳交通线，暂编第2军以主力在渌口、朱亭间，掩护湘江右岸交通，均归薛岳指挥，但无命令，不得参加长沙会战。"

5月30日，第10军军长方先觉率第3师长周庆祥亲自侦察衡阳至湘潭间地形，部署第3师选择有利地形对日军实施迟滞作战，以掩护军主力在衡阳展开和组织防御，在必要时再撤回衡阳归建。

5月31日，军委会正式下达第10军（欠第3师）固守衡阳的命令。第3师先行由衡山出动，前往湘潭易俗河南岸地区，由第27集团军副总司令欧震直接指挥。

6月1日，第10军进入衡阳，受到衡阳市民的热烈欢迎。方先觉即率军参谋长孙鸣玉、190师师长容有略、预10师师长葛先才、新19师师长罗活和军工兵营长陆伯皋对衡阳地形进行全面勘察，确定防御部署。衡阳防区

■ 第10军工兵营中校营长陆伯皋。

面积仅3.9平方公里（东西宽约1500米，南北长约2600米，其中城墙以内的城区0.8平方公里）。以第190师位于城东，以1个营配属1个野炮连，进驻泉溪市耒水西岸新码头作为最前哨阵地，以一部于酃湖南岸铁路经湖西塘湾至蜈蚣桥一线设立警戒阵地，师主力于五马归槽、橡皮塘、莲花塘一线构筑主阵地。

以预10师位于城西，以一部在托里坑、欧家町、黄茶岭一线设立警戒阵地，师主力于汽车西站、虎形巢、张家山、枫树山、五桂岭、江西会馆一线构筑主阵地。

以新编第19师位于城西，以一部在高家塘、三里亭、胡坳、马王庙一线设立警戒阵地，师主力于石鼓咀、草桥、辖神渡至汽车西站一线为主阵地——新19师于6月13日奉调全州，所部防务先由190师接替，直到6月24日第3师主力7团和9团撤回衡阳归建后才由第3师接替；

暂54师1个团位于城东北，以一部在东家湾、何家山一线设立警戒阵地，主力于冯家冲沿耒水西岸构筑主阵地。

炮兵在雁峰寺、县政府、蒸阳路、吉祥街一带占领阵地——第10军炮兵营战前正在昆明换装新式美制75毫米山炮，听说衡阳战事将起，营长张作祥便率领全营赶回归建，途经桂林时，炮兵第1旅有意截留，通过关系搞得命令，将该炮兵营改编为炮兵第1旅29团第2营，即日进驻广西全州。营长张作祥无奈之下只得越级直接电告军委会陈情。参谋总长何应钦接到电报，认为一个小小的中校炮兵营长，为了能率部参战居然径直电告最高统帅部，其忠可鉴，其勇可嘉，其义可许，于是亲自下令取消前令，并命桂林方面立即安排车皮运输，不得阻碍。第10军炮兵营这才得以继续上路。6月21日到达金城江，此时长沙失守已三日，前线运输急如星火，他千方百计才搞到只够运送半个营的车皮，只好分为两个梯队，自己率第一梯队先乘车赶回衡阳，副营长杨春柏率余下半个营就地候

车。24日半个炮营到达距离衡阳30公里的中伙铺，这是离衡阳最近的站点了。正在中伙铺的第27集团军副司令李玉堂接到报告，作为第10军的老

■ 第10军炮兵营中校营长张作祥。

军长，立即召来张作祥，告诉他目前日军已开始向湘江东岸进攻，炮兵向衡阳机动容易被发现，遭受损失，不如暂时留下，随集团军司令部行动，以后再待机归建。但张作祥立即表示自己千方百计赶回来就是想尽早归建参战，绝不能因有危险而半途而废。李玉堂只好派出部队掩护炮营至三塘，再由第10军派出部队接应进入衡阳。张作祥也将半个营分为掩护组和运输组，掩护组负责保护，而运输组专司运炮。途中曾几次遇到小股日军，均被掩护组击退。25日半个炮营6门山炮2000发炮弹进入战云密布的衡阳，后来成为衡阳保卫战中第10军一张重要的王牌。这样第10军共有14门火炮，3000发炮弹。要是没有在桂林的那段耽搁，炮兵营完全可以全部进入衡阳，那样的话不能说改变战局，至少能给日军造成更大的打击。即使加上张作祥历经磨难才带回衡阳的6门山炮，才只有区区14门，和长沙的炮兵相比，实在相差甚远，很难不给人厚此薄彼的感觉，葛先才后来在

■ 今日位于中山南路10号的中国工商银行旧址是原第10军军部。

回忆录里就对炮兵力量的差距表示过不满。

第10军军部在中央银行，前进指挥所在五桂岭。

部队部署一定，立即开始构筑工事。衡阳原先已经构筑有国防工事，而且全部是钢筋混凝土工事，相当坚固。但第10军久历战阵，尤擅防御，工事修筑极有心得，立即就发现这些工事存在不少问题，首先原来设定防守衡阳需要3个军，因此整个防御工事系统范围比较大，而现在名义上1个军，实际仅2个半师，要分兵守备这些工事根本是不敷使用。其次在构筑工事时注重射界，而忽视了工事本身的隐蔽性，这一点在面对火力占优的日军时，无疑将是非常不利的。而且这些

工事全部都是独立据点式的，各据点之间距离都很大，难以相互呼应。因此整个防御体系，也就是若干孤立的点，而不是严密的线和面。有鉴于此，第10军对这些预设国防工事进行了精心改进和加强。放弃了若干外围工事，以缩小防御正面，对于放弃的工事一律加以破坏以免为日军所用。城东、城北依托湘江与蒸水设防，城西北沼泽水田全部放满水，各沼泽之间通道均构筑碉堡、地堡。城西南丘陵，构筑成数道防御线，各据点之间均以交通壕相连，丘陵对敌正面，全部削成断崖，在崖顶筑有手榴弹投掷壕。在丘陵之间的凹地，建有外壕，外壕前沿用粗大圆木建以两到三层栅栏。断崖与外壕之间布设

■ 今日衡阳郊外遗留中国军队所构筑的工事遗址。

铁丝网和以10厘米直径以上圆木建成的木栅墙。无法修成断崖的山丘前则挖设壕沟，壕沟一般都有5米深5米宽，沟底还有地堡，以防日军藏匿。所有阵地之间都有1.5米深的放射状交通壕相互连接，同时根据地形在交通壕前后筑有1.5米深的散兵坑，散兵坑上均有伪装。阵地以外30米修筑暗堡。在城西比较平坦的地区，布有雷区、多层铁丝网、四道战壕。整个衡阳郊外巧妙利用地形，构筑坚固工事，形成完备的坚固防御体系——这些防御体系后来在防御战中发挥巨大作用，日军评价道："尤其是敌人的碉堡位置，颇尽选择之能。其碉堡不独能相互支援，任意发挥侧射、直射火力，且每一碉堡前，均能形成猛烈交叉之火力网。其各丘陵之基部尽已

削成断崖，于上端构有手榴弹投掷壕，我军既难以接近，亦无法攀登。此种伟大防御工事，实为战争中所初见，亦堪称中国军队智慧与努力之结晶。"

为保证在战斗中各部队之间通信联络的畅通，电话线尽量埋设在地下，同时组建电话线抢修队，划分责任区，并组织昼夜线路抢修演习，以熟悉责任区环境便于战时抢修。无线电台布置在坚固建筑物内。对空联络白天使用布板，夜间使用灯光，为此特意准备了百余个饭碗，内置桐油，以布条或棉条为灯芯，一旦夜间需要对空联络，即点燃桐油后摆放成各种通信符号。第10军军部电台使用的是手摇发电机，性能不够稳定，难以直接与重庆的军委会联络。幸亏美军贺克

准将来衡阳,告之了与芷江空军第3路军的无线电呼号和波长,可以直接沟通联系。这一点非常重要,不仅可以直接与空军联系,获得空中支援,还可以通过第3路军的中继与军委会建立无线电通讯联系。

炮兵部队则对衡阳四周丘陵、山地、村落、路口等目标都标定了射击诸元。在湘江边上准备了石油,可以随时排入江中然后点火为障。在衡阳市区各路口均修筑了工事,将重要物资如弹药、粮食、被服、药品等都分散保存于地下储藏处。衡阳抗敌后援会和市政府、工会还组织了3000名工人,征用了市区120家木材厂商的木料120余万根,协助第10军修筑工事。

为鼓舞官兵士气,方先觉特意规定了负伤赏金:"上校负伤者赏1万元,中少校5000元,尉官4000元,士兵1000元。负伤不退者,特赏;伤愈归队者,晋级。"

此外,衡阳人民抗敌后援会还发动民众破坏道路、桥梁,日军派飞机侦察发现"株洲至衡阳之铁路和宝庆至衡阳之公路,悉被衡阳居民破坏,运输设备,一无所有"。特别要指出的是,这些破路工作全都是民众自愿参加,义务完成的,未向国家取一分一厘之报酬。考虑到一旦战事爆发,衡阳必然成为战场,为避免衡阳民众的无谓伤亡,也为了防止汉奸特务混杂民间,第10军于6月18日起劝慰市民全部疏散,实行"衡阳空城"。

第10军还特意要求市民疏散离家时一律将门窗钉牢,如房屋被炮弹炸弹炸毁乃无法避免的损失,如房屋被人为破门而入则由第10军负责赔偿。同时与铁路局协商调集火车免费运输,在衡阳南站、西站分别派参谋人员协助办理疏散事宜,另外在每个车站派1个步兵排负责维持秩序,1个辎重连负责协助百姓搬运行李。疏散之时,车站上人山人海,大人喊小孩哭,一有列车到站便蜂拥而上,不但车厢内挤满了,连车顶上都挤满了人。而挤不上的市民便就地坐在铁轨边,风餐露宿,等待下一班空车。放眼望去,不胜凄惨。至22日,30万市民基本疏散完毕,衡阳市内只留下民工组成的工事抢修队、弹药运输队、担架队、伤病员服务队等协助第10军守备。

方先觉确实非等闲之辈,他见衡阳东有湘江,北有蒸水,这两处天然屏障难以逾越,只用少数部队警戒就可。日军来犯的主攻方向要么从西北,要么从西南。西北地形平坦,而西南多山丘地形复杂,常人自然会以西北为主攻方向,但方先觉认为日军主攻方向必定是西南,因为西北地形平坦固然利于机动,但此时中美空军已掌握制空权,陈兵西北,无疑将成为空中打击的活靶子。而且长衡公路沿线多为连绵山地,并不利于部队机动,一旦遭到阻击或空袭,难以展开。而如从长沙向东绕至衡阳西南,道路情况就好得多。加之日军历来轻视我军,不

■ 衡阳会战前，中国军队用火车将前方居民撤往桂林。战役开始后将铁路全部拆毁。

会以西南山丘为虑。更重要的是，如果从西北主攻，即便攻下衡阳城，也还得再攻西南山地，因为衡阳的公路铁路都从西南山地经过。而从西南主攻，不仅可以在战斗一开始就切断衡阳与后方的公路铁路联系，而且只要拿下城区就大功告成，根本不必在意衡阳西北——这一判断相当准确，因此第10军将西南山地作为防御重点精心营造。当时美军顾问贺克准将认为日军主攻方向是在西北，还为此曾与方先觉辩论，后来两人在昆明相会，贺克这才折服于方先觉对敌情的判断。

在兵力部署上也是非常有远见，第10军所辖3个师中，190师是后调师，实际兵力仅1个团，战斗力最弱。而第3师是老骨干，战斗力最强。一般人如果认定西南为主攻方向，自然会将第3师布防于西南山地，但方先觉却是将预备第10师放在西南山地，而将第3师放在城西的二线位置，这正显示出方先觉在排兵布阵上的高明，他深知此战绝不会在三五日内结束，所以将预10师放在前，第3师放在二线，有意保存第3师的实力，作长期坚守的打算。正是这一部署使第10军有了后来坚守47天的绵绵后劲。

6月13日，第九战区不但将新19师调往全州，还命令预10师待命进至湘潭，以迟滞日军南下——如此一来，在衡阳的第10军只剩下了后调师第190师！单靠第190师根本不可能守住衡阳，于是方先觉急召远在湘潭的第3师师长周庆祥回衡阳。15日周庆祥赶回衡阳，方先觉用衡阳特产"湖之酒"款待周庆祥，席间方先觉谈及守衡阳以眼前情况来看是置之死地而必死，拜托周庆祥日后不忘旧情为第10军战死袍泽收殓尸骨。周庆祥立即表示第3师一定会返回衡阳归建，同第10军袍泽一起同生共死！有了周庆祥的这番慷慨之

■ 1944年6月15日，方先觉电告蒋介石，报告衡阳部署，并恳请将第3师调回衡阳。

诺，方先觉于当晚电告军委会，报告第10军在衡阳的部署情况，表示如"预10师推进湘潭，恐目的未达而前后两误"，请求免调预10师至湘潭，并恳请将第3师调回衡阳，以增强防御力量。军委会同意免调预10师，但依然没有同意第3师归建。直到23日，第九战区才同意第3师返回衡阳归建，方先觉立即电令第3师主力急行军撤回衡阳，24日傍晚，第3师主力（欠第8团）退入衡阳，并立即接替190师在汽车西站以北至草桥、石鼓咀一线防区。

衡阳是当时湖南的重镇，所以有好几个军委会后勤部的军需仓库，储存有大量的粮食弹药。但当第10军拿着第九战区司令和27集团军司令的手令前去协商调拨时，却被仓库管理人员一口拒绝，他们声称必须按照有关规定，没有后勤部的调拨单，谁的手令都没用。其实那不过是借故刁难，向第10军索贿的伎俩而已。方先觉哪会吃这套，一纸电文直接请示军委会："职为备战，持薛、李两长官手令，于就近后勤部所属兵站分部之仓廪筹集守坚所需弹药粮秣，仓监谓以非后勤部调单不予补给，匪敌临近，时不我待，三日内如无特别指令，职将便宜行事，谨闻。衡阳职方先觉。"第三天，后勤部长俞鹏飞亲自飞抵衡阳，仓监们哪敢怠慢，立即向第10军调拨足以维持两周的粮食、步机枪子弹530万发、迫击炮弹3200发。曾向第10军公然暗示索贿的仓监生怕第10军告状，主动

向第10军调拨2.8万枚手榴弹！这批手榴弹在后来的保卫战中可是起了大作用。

6月20日军委会向第九战区下达今后作战命令：

1. 以阻敌深入确保衡阳为目的，于渌口、衡山东西地区持久抵抗，以主力由醴陵、浏阳向西，由宁乡、益阳向东，夹击深入敌。

2. 王（陵基）副司令长官（兼第30集团军）指挥第72军、58军、26军，迅速击破醴陵东北地区之敌，反击敌主力之左侧后方。

3. 杨（森）副司令长官（兼第27集团军）指挥第20军、44军，先击破醴陵以北地区之敌，以后转移于王副司令长官所部之左翼，向西攻击敌人。

4. 欧震副总司令（27集团军）指挥第37军、暂编第2军及第3师在渌口、恒山间，作坚强持久抗战，阻敌深入。

5. 王耀武总司令（第24集团军）指挥第73军、79军、99军、100军及第4军残部，向湘江左岸之敌攻击，以一部守备湘乡。

6. 李玉堂副总司令指挥第10军、暂编54师固守衡阳。第46军仍归第四战区序列，其新编第19师即开全州、黄沙河。

■ 衡阳城中的守军。就是这些衣衫不整的战士，视死如归，让敌人付出7倍于己的代价，甚至受到对手日本军人的尊敬。

7. 第62军仍归本军直辖，控制于衡阳西南地区待机。

8. 对战场交通之破坏，务依预定计划加强。

军委会的意图很清楚，中路固守衡阳，从醴陵、宁乡两翼夹击。但是日军对这套战法早已有过切身体会，而且通过侦察已经发现了中国军队的部署，因此针锋相对地采取先以两翼顶住，中间再突破的战术。第11军军长横山勇用于中路攻占衡阳的是第68师团和第116师团，这两个师团在此次作战中之前一直是作为二线兵团，并未参战，因此建制完整实力丝毫无损，是真正的生力军。

21日晚，蒋介石打来长途电话与方先觉通话："你第10军经常德之役，伤亡过半，装备兵员迄未补充，现又赋予衡阳核心守备之重任，此战，关系我抗战大局至巨，盼你第10军全体官兵，在此国难当前，人人发奋自勉，个个肩此重任，不负我对第10军期望之殷。希望第10军能固守衡阳两星期，但守期愈久愈好，尽量消耗敌人。我规定密码二字，若战至力不从心时，将密码二字发出，我令友军48小时内解你衡阳之围，你可有信心？"方先觉当即表示将不惜任何牺牲，战至竭尽全力死而后已。全军官兵无一有怯敌之色，人人努力构筑工事备战，斗志极为高昂，决心与敌拼死一战！蒋介石听后连说三个很好，并预祝第10军一战成功。而根据第3师第9团副团长周祥符（第3师师长周庆祥胞弟）回忆，后来方先觉曾透露蒋介石就在这次电话中还口授过一道密令："第10军若兵员打完了，仅剩下伤兵和文职人员，允许停战。"

6月23日，负责指挥衡阳及湘桂路作战的第27集团军副总司令李玉堂在衡阳西南郊的头塘（也有资料称是在三塘）召集作战会议，出席者有第10军军长方先觉、参谋长孙鸣玉、第62军军长黄涛、参谋长张深、151师师长林伟俦、157师师长李宏达等。会议研究了当前战局和兵力部署，决定基本按照原定计划，由第10军守衡阳城，62军负责外围作战。会议上方先觉主动提出，62军如果位于头塘、三塘一带，太靠近衡阳城区，有一起被日军合围的危险，因此建议62军集结于五塘、六塘一带，担负外围策应。这一建议立即被采纳，62军遂从24日起调整部署，主力集结于六塘潭子山地区。

早在6月16日，长沙还未攻占时，日军第68师团和116师团就开始渡浏阳河南下，直扑衡阳。19日，第116师团、第68师团57旅团从株洲渡湘江，分两路沿湘江西岸和易俗河向衡阳推进，68师团则于石亭渡过渌水，也杀向衡阳。

一场恶战就此展开……

外围争夺

6月21日，日军68师团进抵石湾，116师团进抵白果。

6月22日日军飞机首次飞临衡阳，对市区进行狂轰滥炸，城区多处燃起大火。衡阳会战期间，尽管中美空军实力已经大为增强，但日军为会战也调集了相当的航空兵力量，所以中美空军并未能切实掌握制空权，只能说是稍占优势而已，因此日军飞机对衡阳的轰炸也是常事。是日晚20时许，日军已进抵衡阳以东约10公里的泉溪市——现名泉溪镇，属衡南县，位于耒河东岸与衡阳隔河相望，距离衡阳市区约10公里。清朝乾隆年间设置清泉县，立郡设州，析县置府，分区建市，几易其名，因为镇东南有清泉山，而在清泉山北麓有泉溪，因此得名。抗战期间是耒河一个较大的渡口，也是一个很繁华的集镇——第10军最前沿的190师568团1营警戒哨对敌略加抗击便撤回耒河西岸。

6月23日13时许，日军从泉溪市强渡耒河，向190师568团1营据守的曾码头（旧作新码头，据衡阳市政协文史学习和港澳台侨外事务委员会主任李岳平考证，耒河西岸并无新码头地名，应为曾码头之误）发起攻击，揭开了悲壮惨烈的衡阳之战的序幕。按照原定计划，1营作为前哨警戒，完全可以不作坚强抵抗，后撤至五马归槽。但营长杨济和见日军异常骄横，居然连火力掩护都不组织就堂而皇之地乘汽艇、橡皮艇甚至木船开始渡河，丝毫没把守军放在眼里。在此情况下，如果不战而退，将会更加助长敌之嚣张气焰，于我军士气不利。便果断下令准备战斗，全营隐蔽进入阵地，待日军半渡之际突然开火——1营共有20多挺轻重机枪和加强的4门战防炮，同时射击，顿时将日军打了个人仰船翻，死伤及落水失踪达300多人，一路上未遭任何抵抗的日军根本没想到会在此遭到如此猛烈的打击，完全被打懵了，没死的赶紧逃上岸，再不敢轻举妄动，只是用机枪和火炮向对岸不时射击。午后日军留一部兵力佯动，主力绕至泉溪市以南渡河。杨济和见已经达到了挫敌锋芒的目的，遂按计划撤回五马归槽。但1营刚开始回撤便被日军发现，

日军第116师团

日军第116师团，属特设师团，1938年5月15日在日本本土以第16师团预备役人员组建，随即编入华中派遣军，后转隶第11军，1938年9月参加武汉会战；1939年3月参加南昌会战；1942年5月参加浙赣会战；1943年11月参加常德会战；1944年5—8月参加长衡会战，1945年4—6月参加芷江作战，1945年8月在岳阳缴械投降。历任师团长清水喜重、原诚一郎、武内俊二郎、岩永旺、菱田元四郎。

立即遭到火力拦阻，1营损失2门战防炮和3挺机枪，伤亡50余人。

方先觉见日军主力已大举来犯，必须要集中兵力开始防御作战了，遂命令在衡山地区迟滞日军的第3师迅速撤回衡阳。第3师师长周庆祥留下第8团殿后掩护，亲率主力以急行军星夜返回，于24日18时回到衡阳，进入原新19师在石鼓咀、草桥、辖神渡至汽车西站一线防区。此外，方先觉还命190师主力渡过湘江，进入东岸预设阵地，与主力呈犄角之势，扩大防御纵深。

当晚日军广播称："皇军已杀到衡阳郊外，占领衡阳仅是时间问题。"而在中国军队方面，军委会报告衡阳已在日军严重威胁下，鉴于第10军因为参加常德会战后实力尚未恢复，力量远比在长沙的第4军单薄，因此判断如果日军发起总攻，估计第10军最多只能坚守3天。

6月24日晨，日军渡过耒河，开始攻击五马归槽——位于现衡阳珠晖区东阳乡人民村和红星村交界处，海拔99米。五座形如骏马的山头分别叫上观音打坐、下观音打坐、桐子岭、牛嘴岭、杉木峰，围绕中间形如食槽的山坳，犹如五匹骏马同槽，故此得名。防守此地的是刚从河岸退回的568团1营和暂54师1团，激战整整1天，阵地屹立不动，但部队伤亡很大，指挥作战的暂54师师长饶少伟急向方先觉求援，方先觉立即命190师570团增援。

25日，日军开始向五马归槽至塘湾一线发起总攻，攻击重点依然是五马归槽，日军炮火非常猛烈，守军在衡阳城区的炮兵也随即开炮支援，炮弹越江而过，呼啸之声闻达数十里外，双方空军亦先后赶来助战，一时间炮火异常猛烈，漫天硝烟遮云蔽日。守军先隐蔽在工事中躲避日军的炮火准备，待日军步兵开始冲锋再进入阵地，以机枪步枪手榴弹迎击，战至中午，日军仍毫无进展。下午，第10军以当天早上刚刚归建的炮兵营新式美制75毫米山炮开炮支援五马归槽，守军士气大振，在570团团长贺光耀的率领下乘势

■ 衡阳保卫战遗址江东五马归槽，1987年时的情景。

■ 衡阳保卫战遗址江东五马归槽，2005年时的情景。

附图4 衡阳保卫战陆军第10军防御配备及战斗经过要图

（1944年6月23日至26日）

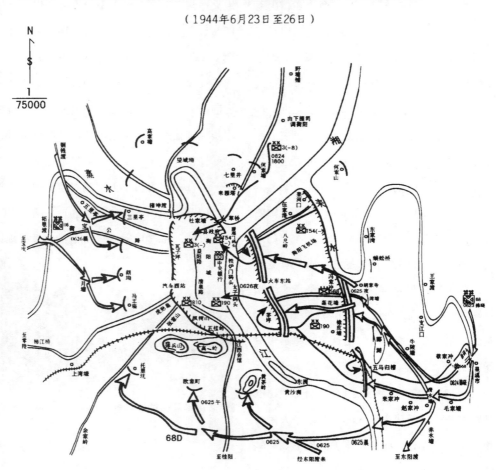

注 记

1. 新编第19师原守衡阳城西北阵地，6月13日调全州后，乃将江东岸第190师调回衡阳接替新编第19师阵地

2. 6月24日敌军渡耒河向五马归槽进攻时，第3师由下摄司调回衡阳接替第190师城西北郊阵地，第190师全部渡江占领江东岸该师原阵地

3. 6月26日夜第190师及暂54师之1营撤回衡阳城

反击，将日军逐退，但贺光耀腹部重伤，由副团长冯正之接替指挥。

方先觉见五马归槽守军伤亡颇大，而此地不过是外围，应当尽量保存有生力量用于城区防御，便下令放弃五马归槽退守范家坪、橡皮塘、莲花塘、冯家冲一线。饶少伟接到命令，认为自己部队本来任务是警备衡阳机场，并没有参加衡阳防御战的命令，战区又没有新的指令，目前机场已然不保，没有必要将部队带入坚守孤城衡阳的绝境，便密令1团团长陈朝章带1营、2营渡过耒河退至耒阳归建，自己则带3营留下来，以表示自己不是贪生怕死之徒——方先觉对此也未多加指摘，毕竟暂54师是客军嘛，能留下参战最好，不留也无法勉强。

日军占领五马归槽后，一部继续向西攻击，直取衡阳机场；另一部则从铜钱渡渡蒸水，向衡阳城西推进；主力向南由东洋渡渡湘江，攻击衡阳城南。早在6月18日，日军第11军就对68师团下达了"佐部队（即68师团的代号）应以主力从湘江东岸地区，另一支有力部队从西岸地区向衡阳挺进。特别应

组织挺进部队（以步兵1个大队为基础，从中挑选出精兵，并一律轻装），向水、耒水以及衡阳东侧的铁路桥、衡阳机场急进并占领之。志摩支队应沿易俗河—衡山—衡阳道路以东地区向衡阳突进"的命令，20日当日军占领长沙、浏阳、宁乡等地后，日军更是决心乘第九战区部队新败，布防不及，以精干小部队突进抢占衡阳，因此11军再次下令要求"佐部队应继续执行以前的任务，歼灭所在之敌，迅速占领粤汉铁路及衡阳机场，攻取衡阳"。为此，68师团特别组建了由独立步兵第64大队为骨干的松山支队，专门担负突进夺取衡阳机场的任务。

日军占领了五马归槽之后，为了尽快夺取衡阳机场，68师团又增派独立步兵第116大队支援松山支队。在得到增援之后，64大队的大队长松山圭助大佐决定从守军防线左翼的水田地带实施突破。就在此时，潜伏在中国军队里的日军间谍送来情报，中国军队在耒水沿岸没有设防，于是松山大佐立即改变计划，从耒水河实施突破。此时在湾塘担负守备任务的是24日午夜才匆匆渡江来的190师

日军第68师团

日军第68师团，为警备两旅团制师团，1942年2月2日在华中以独立混成第14旅团为基干组建，编入第11军担任九江地区警备。1943年11月参加常德会战；1944年5—8月参加长衡会战；1945年4—6月参加芷江会战，1945年8月在衡阳缴械投降。历任师团长中山惇、佐久间为人、堤三树男。

衡阳机场

早在20世纪20年代初期，就有水上飞机在衡阳来雁塔和泰梓码头等处水面起降。1924年北伐军唐生智部驻军衡阳，就曾将城北演武坪一片较为平坦的地方修整后作为临时机场，供小型飞机起降，但不久这个临时机场就荒废了。

1929年国民政府正式决定在衡阳修建机场，衡阳当局选定在湘江东岸八甲岭一带作为机场用地。湖南省政府指令机场由衡阳、耒阳、常宁、安仁、衡山五县共同兴建。八甲岭一带为丘陵地带，机场所在范围内共有八个大小不等的丘陵，因此机场的工程量很大，从1929年9月开始兴建，直至1935年12月才建成约140万平方米的机场区，其中土质主跑道长约1400米，宽约40米。机场建成后并未投入使用，因此不久跑道就因人走车行而高低不平，加之无人管理，机场内杂草丛生，几近荒废。

抗战爆发后，湖南省政府对衡阳机场进行了修复和扩建，机场长1650米，北端宽900米，南端宽300米，总面积约100万平方米。主跑道长1505米，宽50米；副跑道长1485米，宽30米；滑行道长1700米，宽15米。1938年机场建成后，中国空军便开始进驻，从1938年8月起中国空军就多次从衡阳机场起飞，与日机空战。

■ 今日衡阳机场照片（Dickiechina摄影）。

1942年7月，美国陆军航空队驻中国特遣队（其前身即为著名的飞虎队）所属第23战斗机大队第75中队进驻衡阳机场。衡阳机场随之再次扩建，跑道加长加宽加固，增设跑道灯，还建造了飞机修理厂、飞行人员营房和美军招待所等辅助设施。衡阳机场也逐渐成为美国空军在中国的重要基地之一，常驻飞机约100架，最多时达到400架，美军飞行和地勤人员逾两千人。1944年2月宋美龄亲至衡阳慰劳中美空军，3月美国著名女影星宝莲·高黛也来到衡阳慰劳美国空军。

1944年6月衡阳之战爆发后，衡阳机场陷入日军之手。

569团3营。3营营长黄钟命令8连坚守湾塘，9连只在八甲岭上派出3名哨兵担任警戒，一旦发现日军来进攻，立即报警，9连在山下的部队立即上山增援。但是黄钟最大的失误是没有安排对耒水河方向的警戒，而潜伏在3营里的日军间谍恰恰发现了这个致命的失误并立即报告了松山支队。而第10军早就发现有日军间谍混入了部队，并于23日派出参谋到各部队调查，3营长黄钟以为是捕风捉影，并不放在心上，结果铸成大错。

入夜后，1个小队的日军偷偷渡过耒水河，悄悄摸上了八甲岭，突然袭击了9连在山上的警戒哨，然后主力从狭窄的田埂上轻易突破了湾塘阵地。守备湾塘的8连有60人战死，仅18人幸存。日军占领湾塘后继续猛攻，直扑冯家冲，守备冯家冲的568团仅有干部，开战前才匆匆补充了一些新兵，因此战斗力很弱，很快就被日军突破。

午夜日军松山支队占领冯家冲阵地，将暂编第54师所部与190师隔断，并攻入机场。

方先觉获悉机场还未破坏就已失守，深知如果日军利用衡阳机场的设施，将大大提高其航空兵的活动范围，对整个西南战局影响巨大，立即命令190师不惜一切代价夺回机场，将其彻底破坏。

26日拂晓，190师师长容有略亲率569团借夜色掩护，突然杀入机场，日军先头部队1个中队刚刚占领机场，立足未稳，也根本没想到中国军队这么快就来了个回马枪，猝不及防，但日军一回过神来，就立即组织抵抗。569团2营在塔台附近遭到日军顽强抵抗，难以进展。容有略对569团团长梁子超说："梁团长，养兵千日用兵一时，如果拿不下机场，军长要我的脑袋，我就先要了你的脑袋！"此话一出，梁子超二话不说，亲自率队冲锋，终于冲入塔台。就这样，经过5个小时的激战日军被逐出机场，我军伤亡200余人。容有略马上下令对机场组织破坏，先将所有机场设施炸掉，然后在跑道上每隔10米挖一个坑，埋下1公斤炸药进行爆破，这样的爆破不仅完全破坏了跑道表面，也彻底震松了地基，短时间里无法修复。由于没有接到撤退的命令，569团在破坏机场设施后，迅速部署兵力转入防御。在机场方向的日军68师团独立第64大队随即组织力量于26日晚发起反击，569团本来只有干部而无士兵，开战前才临时补入一些新兵，战斗力很弱，面对日军1个大队的凶猛反扑，自然难以抵敌，只得且战且退，撤至江边的核心阵地。此时190师经过三天的苦战，仅剩1200余人，加上暂54师1团3营，还不到1800人。要凭这点兵力固守住江东阵地，几乎是不可能的。而衡阳城区兵力包括第3师全部算在内，也只有区区6个团，与其将190师消耗在江东，还不如将其撤回江西加强城防力量。于是方先觉下令

湘江东岸部队由容有略统一指挥，全部撤回江西。待夜幕降临，容有略便指挥东岸部队分乘2艘渡轮，全部渡过湘江，然后将渡轮炸沉。190师撤退时，第3师和军炮兵营都高度戒备，随时准备以全部火力接应掩护190师渡江，190师也特别挑选了100人的敢死之士由副师长潘质亲自指挥担负最后掩护。190师入城后，除以570团接替搜索营担负江防外，师主力集结环城街为军预备队。说起190师撤回还有一段故事，方先觉本来是命190师死守湘江东岸，190师本来就是后调师，又经外围和机场等处作战，实力更是薄弱。一旦日军来攻，再以火力封锁江面，势必全师覆灭。但师长容有略不敢直接向方先觉提出异议，最后是副师长潘质向预10师师长葛先才诉苦，

■ 中国守军撤离衡阳机场时，将地面设施和跑道摧毁，以免日军占领后为敌所用。

由葛先才向方先觉求情，才得撤消前令全师撤回西岸。多年以后，容有略对此依旧念念不忘，曾对葛先才之弟葛先朴提及"自己的命是令兄从鬼门关救回来的"。

日军占领机场后，立即着手整修，6月28日起勉强恢复使用，使第44战队的飞机能着陆。

25日白天日机不断空袭衡阳市区，投弹以燃烧弹居多，市内竟日大火，第10军只能以在市区的预备队预10师28团和军直属部队投入灭火，但直到入夜犹未能全部扑灭。我空军亦先后飞临城郊，对日军开进、集结地区进行轰炸扫射。

按照预定计划，一旦湘江东岸失守就将炸毁湘桂铁路的湘江大桥，奉命执行炸桥任务的第10军工兵营营长陆伯皋认为日军的最后失败已不可避免，此时将耗费国家巨资建成的湘江大桥炸毁实在不忍心，于是想对大桥进行有限度的破坏，使日军在短时间里无法修复而尽量保持桥体以便将来战后重修，这一想法得到方先觉的批准。在清华大学工程系毕业的1连长洪立宪的精确计算下，只对大桥中间三段桥梁进行爆破而不破坏桥墩——炸桥工作相当精准，三段桥梁被炸断，而桥墩主体完好，完全达到了预期目的。

■ 今日湘江。开战不久，方先觉下令将江东岸的190师撤回西岸，集中兵力守卫衡阳市区。

■ 为阻止日军进犯衡阳城，6月24日午夜。第10军忍痛炸掉了衡阳湘江公铁大桥两岸桥台及3—6号桥墩。这是被炸前的大桥。

■ 今日被拆除的湘江公铁大桥的旧桥墩。

惨烈初战

26日上午，日军已经形成了对衡阳的合围态势，日军炮兵开始对守军阵地进行试射，在修正了炮火射击诸元后，步兵随即在炮火掩护下开始从衡阳西面、南面攻击守军的警戒阵地，警戒阵地的守军在略加抵抗后即撤回主阵地。10时许，日军在飞机10余架与50余门火炮掩护下，开始向衡阳西南主阵地作全面攻击，其攻击重点为预备第10师防区阵地，尤以30团所据守之江西会馆（今湘江大桥以南湘东南路31号，黄白路与黄茶路交汇口，后为衡阳织布厂，现为新天色织布厂）、五桂岭（位于雁峰区，北邻回雁峰，南接大庆路，海拔79.8米，因形似乌龟，本名乌龟岭，后以谐音改为五桂岭）为最。五桂岭、枫树山（位于雁峰区，东邻五桂岭，南临湘桂铁路）、湘桂铁路修机厂（位于枫树山西侧）之线，因有高岭与停兵山两处前进据点侧射火力掩护，日军多次攻击皆被阻于铁路以南。此两处据点在枫树山、张家山阵地南侧200至400米，正扼要冲，但由于地域狭小，兵力多了反而会在日军炮火下徒增伤亡，少了又怕实力过于单薄而难以支撑，因此预备10师30团派出了最强的1个连——3营7连，以1排长李建功率1个排守备高岭，以连长张德山率连主力

2个排守停兵山。这两处都沿山势建有坚固的环形工事，工事外环绕壕沟、木栅、铁丝网和地雷。张德山又名张田涛，河北人，出身行伍，骁勇善战，素喜嗜酒，因此在军中有"猛张飞"之称。7连战力强悍，是30团最精锐的步兵连。预10师派出这样1个连长，这样1个连队，可见对这个最外围阵地的重视。日军起初对这两个高地并不以为然，认为这两个弹丸之地唾手可得，但几次冲击，都被工事前的障碍、主阵地的炮火支援以及守军的手榴弹打退。这才打起精神集中炮火，并召唤飞机助战。我军纵深炮兵也开炮支援并与日军炮兵展开炮战，一时间炮声密如骤雨，两据点全为硝烟所笼罩。日军一次次冲锋，均被击退。战至黄昏，守军障碍多半被毁，工事也损毁大半，官兵伤亡过半，但还牢牢地守着阵地，日军则在两处阵地前损失了不下500人。

入夜，日军继续向城西南及正南猛攻，

■ 昔日的五桂岭，今天是湘南交通工程职业技术学院。

■ 江西会馆的断壁。

枪炮声响彻整个衡阳城，战至午夜，江西会馆及五桂岭一线日军冲击最甚，伤亡也最多，高岭与停兵山两处工事几乎全部被毁，官兵伤亡也剧，已陷于苦战，而虎形巢、瓦子坪、易赖庙方面亦开始遭受日军不断地攻击。

27日，因攻势一直受阻于高岭与停兵山下，日军68师团长佐久间为人大为震怒，亲临前线督战，决定先集中兵力攻击高岭，在猛烈炮火掩护下，连续冲击，至凌晨1时高岭终告陷落，守军1个排自排长李建功中尉以下全排殉国。日军随后再转兵猛攻停兵山，先以密集炮火轰毁障碍轰平工事，再架起人梯向山头攻击，7连长张德山指挥镇定，沉着应战，即使日军接近阵地破坏障碍物都不开火，一直到日军通过障碍物进到外壕沟边上，才下令射击。由于事先准备充分，守军火力组织相当完善，形成了密集交叉的火力网，接近阵地的日军很难逃脱，成片成片被

打倒，少数侥幸躲过子弹的，也被守军投掷的手榴弹所杀伤。因此日军几次冲锋都被击退，不过守军这样的战法，代价也相当高，障碍物基本被扫清，官兵伤亡也非常之大。

同时日军还大举向江西会馆、五桂岭、141高地、枫树山阵地猛攻，利用夜暗一波接一波冲击，势如潮涌。30团团长陈德垡见日军攻势凶猛，严令官兵沉着应战，坚决奉行"三不打"原则——看不见不打、瞄不准不打、打不死不打。日军对障碍物施行破坏作业时亦不轻易射击，待敌通过破坏口，进至外壕，才以侧射斜射火力急袭，待敌潜至阵地前绝壁下开始攀登时，再集中投手榴弹。同时分派副团长阮成、团附项世英巡视前线，激励士气。天明后，日军攻势才渐趋停止，各阵地前日军遗尸累累，估计约在千人以上。

9时许，中国空军6架P-40飞临衡阳上空助战，对日军进行反复俯冲轰炸与低空扫射，其中1架为敌地面炮火击中，迫降于高岭与停兵山之间的水田。据守停兵山的30团7连连长张德山派排长王世禄率兵6名冲出阵地拼死救回飞行员陈祥荣，王排长及士兵3名却不幸牺牲，陈祥荣仅负轻伤，被送回衡阳城，方先觉即命安排在军部。陈祥荣到军部后，很快发现守军铺设的对空联络符号太小，空中的飞机很难发现，于是向方军长提议对空

联络符号至少要1米宽，10米长，并且要铺在开阔地带，以便空军发现。但是负责对空联络符号的军官却说，现在的尺寸完全是根据有关规定制作的。方军长顿时大怒："现在是打仗，还要打官腔啊！马上改掉！"就这样，第10军立即制作了大尺寸的对空联络符号，使空军能很快发现。也就这样陈祥荣当起了方军长的空军顾问，每当空中有飞机飞来，他便能在第一时间里判断出敌我，且无一差错。如果是我军飞机，便立即铺设对空联络符号，不但标出我军阵地位置，还标明日军阵地距离、兵种等情况，使我军飞机能根据地面指示，准确地对日军阵地进行扫射轰炸。此外，陈祥荣还负责陆空联络，在以后战斗中对指引空投也有很大贡献。

午后2时，日军步炮空联合对我全线阵地发起猛攻，其规模较昨日更大，战至黄昏，守军阵地屹立无恙，惟有停兵山在敌优势兵力围攻之下，已危如累卵。

作为预备队的预10师28团官兵纷纷要求加入战斗，预10师师长葛先才鉴于该团官兵斗志昂扬，而30团阵地正面又过于宽广，连日激战已有不少伤亡，乃报请军长将30团据守之五桂岭、枫树山阵地交由28团接防，获

衡阳之战中的中美空军

衡阳之战时，中美空军的实力已大为增强，虽然日军也尽其所有投入了航空力量，但逐渐失去了制空权，一度只能在黎明前和黄昏后的短暂时间里活动。

5月27日长衡会战开始后，中美空军的重点还在滇西怒江方面作战及保卫成都的B-29基地，在湖南地区仅有150架飞机，加之湖南地区天气也很不理想，但中美空军仍频繁出击，最多时达每日50架次。

7月初，中美空军在湖南方向的力量开始急剧增加，加之天气好转，出动架次显著增加，给日军后勤供应造成极大的困难，这也是日军在衡阳会战初期补给困难的主要原因。但好景不长，很快中美空军的燃料供应出现短缺，不少飞机被迫返回昆明，最严重时，在整个中国战场上就只有驻浙江的第5战斗机大队还能出动，这样就使中美空军在衡阳地面作战最关键的时刻难以有效支援，反而遭到日本空军的攻击。7月23日，日军第90战队袭击零陵机场击毁美机18架；28日袭击柳州机场击毁美机36架。当燃料恢复正常供应时，衡阳已告失守。

中美空军从1944年5月27日至9月6日间，总共出动飞机677批3664架次，其中驱逐机3416架次，轰炸机248架次。而在战役最激烈的7月至8月，就出动427批2752架次。总共在空中击落日机66架，在地面击毁日机58架，击毁各种车辆521台、船只1360艘。

得批准后以30团除留第3营守备修机厂及其西侧小高地以支援第7连停兵山战斗外，主力转入花药山南侧预备阵地，休整待命，五桂岭、枫树山阵地全部交予28团，并于午夜前交防完毕。至此，预10师3个团全部投入一线。方先觉为激励士气，经详查各部战果，将有功人员电呈军委会叙奖，当日即蒙电复照准，30团团长陈德坒获颁"忠勇"勋章，为开战后获得勋章第一人。

当日晚，日军广播："我大日本皇军精锐部队，已排除炽烈抵抗，突入衡阳市街。"

一攻衡阳

至27日晚，日军68师团、116师团各部已分别进抵衡阳东、南、西近郊总攻出发线，并完成了总攻准备。其总攻部署为：

1. 68师团之第64、116步兵大队位于衡阳以东机场附近；

2. 68师团之58旅团第65、115、117大队配属山炮第5联队位于衡阳以南湘江以西黄茶岭（距南门约1000米），其中117大队为左路，115大队为中路，65大队为右路，山炮第5联队（欠第3大队）在中路后方500米展开，旅团指挥部在117大队与115大队之间后侧，师团指挥部在山炮阵地前侧；

3. 116师团位于衡阳西南距城门约1200

米，其中第109联队第1大队为左路，120联队为右路，其右翼与68师团117大队阵地相衔接，野炮兵第122联队位于120联队后方，师团指挥部在炮兵阵地左前方；

4. 57旅团之3个步兵大队配属山炮第5联队第3大队位于衡阳西北之小西门、体育场、蒸水大桥一线。

日军计划从28日起对衡阳发起全面总攻，预计三天攻下衡阳。由于中美空军实力强大，基本掌握着战区的制空权，因此日军飞机通常只能在黄昏后拂晓前出动，为地面部队提供空中支援。

28日拂晓，日军开始了总攻，117大队主攻停兵山，随着停兵山守军的伤亡逐渐增加，火力也就逐渐稀疏，日军终于得以冲上阵地，双方随即展开了白刃战，几番厮杀之后，张德山身中两枪一刀，依然带着仅剩的4人退入最后一个碉堡，打电话向师长团长诀别，张德山在师长葛先才任30团团长时曾任团部传令班长，因此葛先才素知张德山的悍

■ 日军从远处拍摄的停兵山阵地。

勇，对他非常器重，当即指示他设法突围，由30团组织接应，但是张连长慨然回答："师长，不必了，也没有这种可能了。我宁愿被敌人刺刀捅进胸膛也不愿在撤退时被敌人子弹打进后背！就算能撤回，以后还要和日军拼个你死我活，那又何必舍近求远？现在我手上的驳壳枪还有60多发子弹，只希望能将子弹全打光后才死！"——放下电话一手抡刀一手持枪，杀入敌阵，直到战死。7连除1名伙夫外，全连都牺牲在阵地上。

日军主攻的58旅团目标是铁路以南的小高地，57旅团则向体育场猛攻，116师团所部则攻击西门。守军依托工事，顽强防守，不断辅以坚决的反冲锋，战至黄昏，除少数警戒阵地外，第10军各主阵地均未失寸土。在蒸水北岸背水而战的第3师9团3营据守来雁塔至望城坳一线，从拂晓与优势日军激战至午后，守备望城坳的9连连长许健和2个排长相继阵亡，全连死伤大半，因此阵地首先被突破。3营营长孙虎斌立即命预备队7连反击，7连连长周炳生率2个排勇猛反击，虽然没能夺回望城坳但遏制了日军的进一步推进，而周炳生也在战斗中重伤数日后不治。15时许，8连据守的来雁塔阵地也因伤亡惨重而告失守。9团团长萧圭田见情势紧急，便命令3营收缩防线，集中兵

力死守石鼓桥，待天黑后放弃蒸水北岸阵地全部撤回南岸。3营撤过蒸水后随即将草桥炸毁，并将蒸水沿岸的木船竹筏也全部集中到南岸，以免为日军所用。

午后，第3师9团1营防守的辖神渡、草桥、石鼓一线也遭到日军攻击，1营英勇奋战，多次击退日军进攻，确保阵地无虞。另外，预10师28团3营守备的江西会馆以南新街与五桂岭以南阵地，也遭到日军进攻，但均被守军击退。

是日最大的战果是在上午10时30分，28团迫击炮连连长白天霖在枫树山观测所，用10倍望远镜搜索目标，发现正南方约800米欧家町小高地上，有敌十余人正向我阵地窥视，并指点交谈，判断为敌指挥人员在观察地形，当即决心不作单炮试射，而直接以全连8门迫击炮集火射击。第一轮炮弹就全部命中，只见这十余名敌人在炮火中翻滚倒

■ 日军从远处拍摄的枫树山阵地。

爬，马上再是两轮急速射，亦全部命中——当时并不知道这顿炮击炸的是何许人，就连指挥炮击的白天霖也不过认为最多是日军联队级军官，实际上这十多人竟然是日军第68师团长带着师团部主要参谋和所属各联队长在观察地形筹划攻击路线，结果师团长佐久间为人中将重伤，被送回后方医治，直到次年2月才伤愈（也有资料称将其炸死，乃为讹传），师团参谋长原田贞大佐以及下属各联队长、师团部参谋非死即伤，可以说整个68师团的最高指挥中枢彻底瘫痪！可惜当时并不知道这一战果，因此白天霖也就没能获得应有的嘉奖。日军第11军军长横山勇只好令116师团长岩永旺中将暂时统一指挥两个师团，另调堤三树男中将来接任师团长。

当天，日军第44航空战队的飞机集中轰炸衡阳以西，以支援57旅团的进攻，并以部分飞机掩护湘江水上运输，当日34师团218联队由湘江水运到达衡阳。但是中美空军已大大加强了在衡阳地区的活动，无论是陆地上的公路还是水面上的船只，都不断遭到攻击，日军航空兵力难以提供有效的空中掩护，只得将大部队的机动全部改在夜间。

日军第11军向中国派遣军报告28日战况的电文如下：

岩（永旺）、佐（久间为人）两部队，现正向衡阳城力攻，守军每放弃一据点，总将该点予以破坏，以实现其焦土战术，现衡阳城已有部分房屋被烧。

■ 日军正在给轰炸机装炸弹，左边炸弹上写着"一发必中，杀光美国鬼子"，右边炸弹上写着"送给蒋介石"。

■ 28团迫击炮连连长白天霖。

■ 一名日军军官正拿着指挥刀指挥进攻。

昨（28日）上午10时30分左右，在衡阳城以南高地上指挥战斗之佐部队长、参谋长及松浦参谋负伤。

衡阳南侧、西侧，守军阵地前有无数湖塘，并配有大量火力点。作战中守军之山、野炮、迫击炮相当活跃。

衡阳飞机场，目前正集中力量进行修复中，跑道尚有炸坑未全填平，但直协机可以着陆。

经过28日的激战，日军终于意识到衡阳守军的防御力量较强，于是连夜将在湘江以东机场附近的独立步兵第116大队调至衡阳城南。在得到增援后68师团于29日拂晓再次发动进攻，铁路以南高地上的守军英勇奋战，将其击退。敌步兵第117大队在进攻时，虽然有一部冲过了铁丝网，但立即遭到了交叉火力的大量杀伤，随之守军发起了反冲锋，以手榴弹、刺刀将冲过铁丝网的日军大部消灭，日军中队长也被打死，只剩少数人逃回。日军独立山炮兵第5联队，因在昨天作战中，弹药消耗太大，已将弹药用去大半，而后方的补给此时尚未运到，只好严格控制射击，这样一来就使68师团在29日的进攻中，支援的炮兵火力明显不足，很快即被守军击退。而第116师团在这一天的进攻中则加强了炮兵火力，步兵第120联队在拂晓前对张家山以北的阵地发起进攻，守军利用地形及巧妙部署的火力对敌进行压制、杀伤，接着以步兵进行集团反冲锋。因阵地前已扫清了射界，清除了射击死角，所以遭到火力压制的日军根本无处隐蔽，虽有炮兵火力支援但在守军的连续猛烈反击下而溃退。由于两次进攻接连失利，师团长岩永旺决定调在衡阳以西四塘的第133联队从西站以南及以西地区投入战斗。

城西北和城北阵地战况亦相当激烈，6月29日日军增加第34师团218联队投入攻击，该部由机场渡过湘江企图在行进间一举破城，结果遭中美空军的猛烈轰炸和扫射，遭到严重伤亡，还未展开攻击就铩羽而归。而攻大西门的日军进入了守军预设的雷区，再遭守军火力杀伤，死伤累累后被迫撤退。

预10师28团3营据守的江西会馆外新街与五桂岭南端阵地，28、29两日迭经敌连续攻击，多次为敌突破，但只要阵地一被突破，李若栋营长即指挥预备队迅猛反击，予以击退。但在战斗中李营长左脚负伤后送，由第2营副营长翟玉岗接替指挥。

海拔103米的张家山为守军防御阵地的突出部，是预10师乃至第10军的核心阵地，堪称战场之锁钥，由3个小高地聚合组成，东南是227.7高地（日军称25高地），西北是221高地（日军称24高地），两个高地中间相距约50米，正是步机枪交叉火网最有效的距离。张家山则在这2个小高地的中央后方、相距约150米，且比2个高地略高，整个阵地看起来大致呈"品"字形。地形上可以互为犄角，互相支援，互相掩护，所以阵地特别坚固。惟其如此，在28日至7月2日的5天战斗中，日军曾向这个阵地猛攻不下20余次，均被击退。其间阵地一部被敌冲入或大部为敌占领、旋即为我恢复者达9次之多。日军对张家山的攻击，一开始就抱着势在必得的决心，集中猛烈炮火，对阵地及各种障碍物实行破坏射击，同时进行空袭与毒气攻击。在硝烟弥漫如浓雾，弹声骤密如雷雨之中，日军如潮水一般蜂拥而至。守军官兵沉着应战，不顾毒气昏迷，无视炮火震撼，发扬侧射与急袭火力，继之以手榴弹，最后以白刃战，坚决抗击。

29日，24、25高地于午后、黄昏及午夜被日军三度突破，前两次均由29团副团长刘正平指挥该团第2营（欠1连）立即发动反击，予敌重创后夺回，其间阵前易将，以28团团附劳耀民调升接替29团1营长周立岳（改

■ 日军从远处拍摄的张家山阵地。

调军部）。1、2营均伤亡过半，劳营长与2营营长李振武协力拒敌；第三次突破时，日军几乎是踏着自己同伴的尸体冲锋，而1、2营兵力所剩无几，是由预10师加派30团2营前来助战，至天明前将突入之敌全部歼灭。随后预10师命张家山改由30团2营防守，29团1营仅存100余人撤至团部附近休整，并作为虎形巢阵地预备队，29团2营仅存140人，撤至二线张飞山阵地。至此，预10师3个团均有重大伤亡，师预备兵力只剩下直属部队5个连。

第10军的军部原来在衡阳市中心中正路（今中山南路）的中央银行，但战斗开始后，方先觉便把军部前移至五桂岭下湘桂铁路局，这里距离火线仅300米。几次日军甚至都冲到了军部附近，但方军长毫无畏惧，继续镇定地指挥战斗。在各师、团长的一再强烈要求下，方先觉才在29日黄昏将军部重新迁回中央银行地下金库改建的防空洞。

天黑后，日军116师团120联队全力攻击

虎形巢。虎形巢又名猫公巢，在张家山西北约300米，与张家山形成犄角之势，是周围400米平坦范围内一个鹤立鸡群式的高地，在日军战史中称为X高地，其重要性与张家山一样，是守军防线的锁喉重地。虎形巢西面为一片宽达200米的开阔地，日军的进攻路线正巧通过这片开阔地，使守军的火力得以充分发挥。因此日军仅仅为通过这片开阔地就付出了沉重的代价，1名大队长也在这片开阔地中毙命。好不容易冲过开阔地，就是木栅、铁丝网组成的障碍物，再冒着守军的密集火力通过障碍物，虎形巢已经被守军削成了几乎是90度的绝壁，绝壁下则是又深又宽的壕沟，经过苦战冲到壕沟的日军还来不及喘口气，守军便从虎形巢的顶上居高临下地如雨点般投下手榴弹，本以为能提供喘息之地的壕沟顿时成为了死亡的墓地，手榴弹的弹片在壕沟里四下横飞，日军根本无处躲避，几乎是非死即伤。几次冲锋都是徒增伤亡一无所获，只好停止攻击。

当天日军广播称："我皇军精锐部队，开始猛攻衡阳市区，刻正逐次夺取重庆军防御阵地。重庆军之抵抗，相当顽强，但衡阳之完全占领，亦仅是时间问题。"

30日，日军出动60架飞机对衡阳狂轰滥炸，整个衡阳市区陷入一片火海。留在市区的官兵有的救火，有的四下奔跑，场面非常混乱。方先觉从中央银行地下室走出来，站在街道上指挥，命令特务营制止乱跑的官兵，同时向南北布置警戒，以防日军乘机进攻。就在此时，突然一发炮弹就落在方军长身边，万幸的是这颗炮弹没爆炸。

午后，日军继续猛攻张家山，24高地两次被突破，两次又为守军拼死反击而夺回。黄昏，24高地和25高地同时被日军突破，守军30团2营伤亡已达七成，此时要靠2营自身的力量是不可能夺回阵地的，于是团长陈德坒派由团直属部队编成的1个连前来增援。入夜后增援部队与守军残部合力发起反击，夜黑风高，伸手不见五指，敌我莫辨，谁都不敢弄出一点声响，以免暴露自己的位置。我军前卫官兵以手探摸，穿粗布衣者为自己人，穿光滑卡其布军衣者就是日军，一旦摸到卡其布军服，立即以刺刀招呼。一时间，只听到枪支碰撞声、刺刀插入身体声、伤者的惨叫声，此起彼伏。反击的主力部队见此情况，只得停止前进，不敢贸然加入战斗，至晨曦微露，才开始向山头冲锋，而日军援兵几乎也在同时赶到，仅仅就是几分钟之差，我军先声夺人，冲上山头，随即一顿手榴弹将仰攻上来的日军后援打下山去。鉴于2营及团部直属部队编成的预备连均伤亡惨重，团长陈德坒只得以1营接替防御。

30日16时，日军对五桂岭南端阵地大举炮击，并乘有利之风向风速，发射毒气弹。当时守军为避免伤亡，全部隐蔽在工事内，

衡阳保卫战双方作战序列

中国

第九战区 薛岳	第27集团军 副司令 李玉堂	第10军 方先觉	第3师 周庆祥
			预备第10师 葛先才
			第190师 容有略
			暂编第54师 饶少伟（欠2个团）
		第62军 黄涛	第151师 林伟俦
			第157师 李宏达
		第46军 黎行恕	新编第19师 罗河
		第100军 李天霞	第19师 唐伯寅

日本

第11军横山勇大将	第13师团 赤鹿理 中将	步兵第65联队（伊藤义彦 大佐）	
		步兵第104联队（海福三千雄 大佐）	
		步兵第116联队（大坪进 大佐）	
		山炮兵第19联队（石浜勋 大佐）	
		工兵第13联队（石川省三 大佐）	
		辎重兵第13联队（田原亲雄 中佐）	
	第58师团 毛利末广 中将	步兵第51旅团（野沟贰彦 少将）	独立步兵第92大队（横井则秋 少佐）
			独立步兵第93大队（十一音治郎 中佐）
			独立步兵第94大队（前崎正雄 中佐）
			独立步兵第95大队（稻垣阳 大佐）
		步兵第52旅团（古贺龙太郎 少将）	独立步兵第96大队（中西福松 中佐）
			独立步兵第106大队（今堀元贞 大佐）
			独立步兵第107大队（筑岛长作 少将）
			独立步兵第108大队（广濑武夫 中佐）
		师团通信队（狩谷传次郎 少佐）	
		师团工兵队（铃木孝夫 大尉）	
		师团辎重兵队（和田喜代治 少佐）	
	第116师团 岩永汪 中将	步兵第57旅团（志摩源吉 少将）（黑濑平一 少将）	独立步兵第61大队（泽多亮 大佐）
			独立步兵第62大队（饭伏义盛 大尉）
			独立步兵第63大队（井村熙 中佐）
			独立步兵第64大队（松山圭助 大佐）
		步兵第58旅团（太田贞昌 少将）	独立步兵第65大队（西山义郎 中佐）
			独立步兵第115大队（桥本孝一 大佐）
			独立步兵第116大队（田部久次郎 中佐）
			独立步兵第117大队（永里恒彦 少佐）
		师团通信队（三轮七郎 大尉）	
		师团工兵队（北川三平 大尉）	
		师团辎重兵队（上山正敏 少佐）	
		步兵第109联队（泷寺保三郎 大佐）	
		步兵第120联队（和尔基隆、儿玉忠雄大佐）	
		步兵第133联队（黑濑平一 大佐）	
		野炮兵第122联队（大岛卓 大佐）	
		工兵第116联队（池田金太郎 大佐）	
		辎重兵第116联队（南喜代彦 中佐）	
	直辖	第34师团所属步兵第218联队（针谷逸郎 大佐）	

毫无防备。直到黄昏，翟营长以电话与第7连连长朱中平联络，久久无人接听，乃派传令兵前往探视，始知该连除不在阵地之特务长与炊事员4人外，80余人皆不幸中毒死亡，3营不得不以预备队填补7连防线。经此守军才开始提高警觉，注意防毒。但当时我军防毒装备极少，所有防毒面具尚不敷军官分配，遑论士兵！方先觉命令军医处处长董如松立即组织抢救，并指导全体官兵防毒。同时下令收集军直属部队防毒面具，送一线官兵使用，尤以轻重机枪手、班长优先。无防毒面具者则事先准备毛巾，上剪二圆孔，露出双眼而不致妨碍视线。一旦发现日军放毒，便尽快将毛巾在水中浸湿后重叠扎于面部，作为简易的防毒装备。

中毒官兵受伤部分均类似灼伤，有水疱大如银元，肿高半寸，内有黄水；较小之水疱则为绿色。事后报军委会请美空军第14航空队化学战情报军官汤姆森上尉分析，黄色水疱系芥子气所致，绿色水疱则系路易氏气之所伤，日军使用毒气为芥子气与路易氏气混合物。

28团1营1连所据守之141高地，从30日至7月2日，五度为敌突破，营长赵国民先后投入2个连的预备队，轮番上阵实施猛烈反击，五度恢复阵地，歼敌在1个大队以上。阵地虽保持完整，但该营已伤亡过半。

在虎形巢，日军连续数日猛攻，伤亡惨重。30日午夜借助雷雨掩护，日军挑选出40多人的小分队悄悄通过开阔地，再从前几次

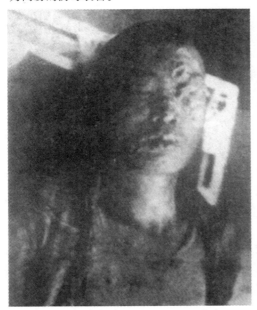

■ 衡阳守军遭日军的毒气弹攻击，图为一名中国士兵中毒后面部溃烂的惨状。

■ 预10师29团1营营长劳耀民。

攻击打开的障碍物破口摸入壕沟，最后搭起人梯登上绝壁，从虎形巢阵地西南突入，一举占领了3个碉堡。守军29团1营3连在连长梁耀辉的指挥下，全力反击，与日军小分队展开反复争夺，梁连长在指挥战斗时遭敌狙击而亡。正在危急时，1营营长劳耀民率预备队（1营的残部约100人）赶来增援，一面以火力拦阻日军后续部队，一面组织3人一组的突击小组冲向碉堡，先以手榴弹爆破再冲入碉堡以白刃战，终于在天明前将3个碉堡尽数收复，突入日军尽数肃清。

日军30日一天中总共投入了15个步兵大队在炮兵、航空兵配合下，再兴攻势，但在守军顽强防御下，依然毫无进展。日军在总攻前叫嚣的三天攻下衡阳的呓语终告破产。

血战张家山

30日日军116师团最精锐的133联队开始进行攻击衡阳西南张家山的准备，联队长黑濑平一大佐与协同作战的炮兵第122联队长大岛卓大佐及所属各大队长等人一同登上张家山附近小高地，一边观察地形，一边部署明天的进攻安排：

计划30日日落后开始行动，7月1日天明前到达守军阵地前进行迫近作业与攻击准备，拂晓以步炮火力协同开始攻击，以夺取张家山为目标。炮击开始时间为5时整，突击支援射击为6时，炮火延伸射击时间预定为5分钟。第1大队（配属工兵1个小队）为第一梯队，于30日日落后开始行动，至1日天明在铁路沿线一带做攻击准备，攻击张家山正面右侧25高地。第2大队配属步兵炮1个小队及速射炮1个中队，负责攻占张家山以南有独立屋的24高地，协同第1大队进攻。第3机枪中队（欠1个小队）由联队直辖以火力封锁张家山高地协同第1大队的进攻。步兵炮中队（欠1个小队）对张家山正面右侧25高地及守军侧射火力予以压制，协同第1大队进攻。

在突击支援射击时，重火器及第一线大队的轻机枪必须一齐射击，集中火力对守军进行压制。为了对守军火力点进行有效的压制，除火炮外还以部分重机枪和轻机枪进行火力封锁。各种火器务必于天明前构筑好有掩盖之阵地。第2、第3大队、工兵中队、预备队，在30日夜间开始行动。7月1日天明前第2大队、工兵中队位于停兵山西南侧地区；第3大队位于托坑以北约300米之村庄附近，第2大队1个中队应在30日晚占领停兵山高地附近，以掩护第3机枪中队和炮兵部队。所有攻击部队须携带登断崖所用竹梯。通讯中队必须保障各大队、机枪中队与联队部的通信畅通。

133联队本来就是116师团中战斗力最强悍的部队，在此次湖南作战中表现也相当突出，强渡汨水攻占了汨水以南新市地区、强渡湘江占领湘潭，而后单独由湘潭西进策应第40师团攻占湘乡，最后由湘乡东南附近张全桥攻向衡阳以西与师团主力会合。连续作战两个月，因作战伤亡与疾病，部队减员较大，每个步兵中队由原来的约180人减少到35人左右，实际仅相当于1个小队的实力。而且因炮兵又少，携带的弹药也已经快用完，所以联队长黑濑平一决定以轻火器为主，集中全联队24挺重机枪中的22挺用于封锁和压制守军火力点。

日军133联队各大队长、中队长接受任务后，立即开始侦察地形和进行作战准备，挖掘交通壕、掩体、射击工事和改造地形。一夜之间便迅速完成了攻击前的各项准备，自然张家山阵地上也是一夜寂静。

7月1日天亮得较早，衡阳四郊的日军先发起攻击，枪炮声打破了宁静的清晨。进攻张家山的133联队和野炮兵122联队按预定时间开始攻击，黑濑的副官铃木义雄中尉在战斗开始前用电话与各大队长对表，最后校正时间，以便各部队按时统一行动。5时日军炮兵开始射击，接着步兵炮、速射炮亦同时开始射击，张家山上顿时尘土横飞，到处是浓密的炸烟，守军的炮兵随即对敌炮兵阵地进行反击，使其遭到不小的损失。张家山守军在日军开始炮火准备后除担任阵地警戒的少数人员外，其余都撤入工事。5时50分，133联队第1大队大队长大须贺贡大尉以为守军

经受不住炮火而后撤，因而下令炮兵开始延伸射击，轻、重机枪开火，以第4中队在右、第3中队在左，携带竹梯攀登人工断崖向山上进攻。当第3、4中队冲至张家山人工断崖下面正准备以竹梯向上攀登时，山上守军迅速进入阵地投下大量手榴弹，如雨点般落下的手榴弹有的在断崖下，有的顺坡而下在断崖下的死角爆炸，使隐蔽在死角的日军死伤累累，第4中队死伤21人，仅有铃木直次军曹等6人爬上了人工断崖。第3中队伤亡也很大，被迫离开人工断崖死角后退。就这样133联队的第一次进攻被击退，在这次战斗中伤亡的都是参加过常德作战以及这次湖南连续两个月作战所剩下的老兵，可以说使133联队第1大队元气大伤。爬上张家山的铃木直次军曹等6人正利用守军碉堡的死角隐蔽待援，加上第一次进攻失利，大须贺贡要求再次攻击，经黑濑同意仍由第2大队进行火力掩护，第1大队于14时发起进攻。第1大队仍由张家山的右侧正面发起攻击，以第2中队在右，第3中队在左。但是第1大队的步兵炮因上午炮弹用得过多，现在已所剩无几，只好从邻近的第120联队借来20发。

14时，支援进攻的炮兵首先开始射击，随后轻重机枪一齐开火，第2中队长黑川启二中尉率20多人从山的右侧攀上山坡进入守军的前沿地带，黑川挥舞着指挥刀，指挥部队向山顶鞍部冲锋，在山下观战的黑濑平一及

大须贺贡都以为这次攻势肯定能成功。就在黑川部队快到山顶时，突然一阵手榴弹在他们中间爆炸，黑川和部分士兵当即被炸死，此后即由第1小队长小熊幸男少尉指挥，但已无力继续前进。左侧小山长四郎中尉的第3中队攀上断崖后，也遭到守军的反击而停顿。此时第1大队不得不动用了预备队第1中队，但第1中队投入战斗后也遭到守军的顽强阻击，伤亡很大，代理中队长铃木斋少尉也被打伤。战至下午第1大队伤亡惨重，4个中队长仅剩下第3中队长小山长四郎一人。

第2、第3中队，在张家山南坡的半山腰被阻止后，黑濑原计划今晚就地坚守，明天继续进攻。但第1大队长则要求在当晚就发动攻击，黑濑同意后，调来足立初男的第2大队（欠1个中队）加强进攻。第1大队进攻张家山顶右侧25高地，第2大队进攻张家山左侧24高地，第3大队则进至火车西站一带在第1、第2大队后方加强警戒。

23时日军开始攻击，从白天占据的山腰阵地出发，首先向右侧25高地攻击，经反复拼杀，终于在2日凌晨1时占领了张家山右侧25高地。守军在1营长肖维指挥下随即借夜色掩护从北坡连续发起反击，一名英勇的战士摸近第1大队部，投出了一颗手榴弹，将正在商讨作战的第1大队长大须炸死，第2大队长足立炸伤。黑濑只好将第1、第2大队全交由第2大队长足立初男指挥。

■ （左）预10师30团上校团长陈德坒。
（右）预10师30团1营少校营长肖维。

4时黑濑决定继续进攻张家山左侧24高地，以第1大队确保已占领地区，投入预备队第3大队在速射炮中队、步兵炮中队协同下进攻24高地，第2大队改为预备队。此时133联队不仅炮弹匮乏，连步枪子弹也都非常紧张，尤其是第1大队因连续进攻，弹药几乎告罄。黑濑决定联队部、通信中队每枝步枪留5发子弹，其余子弹全部交给第1大队。而进攻张家山24高地的第3大队眼下也只有第10、11、12中队，第9中队护送伤病员尚未返回。

2日9时开始进攻，守军依托工事以火力杀伤和连续反冲锋将其击退。不过此时防守张家山的30团1营官兵已伤亡四分之三，日军不顾伤亡，稍事整顿于10时40分再兴攻势，激战至11时10分24高地终告失守，日军付出了伤亡80多人的代价。见阵地前沿的高地失守，30团陈德坒团长却无兵可派，只好派团附项世英至阵地激励士气，勉其死拼待援。肖营长与项团附互留原籍地址，约定生者通知死者家属，以示决死之心。

子夜时分133联队再次发起猛攻，又冲上

两个高地，双方都已拼尽全力，陈团长亲率1个连增援，而日军的后援也几乎同时赶到，万幸的是陈团长援军早到片刻，夺占了山头有利地形，随后居高临下一阵手榴弹将日军轰下了山。日军久攻不下，乃发射毒气弹，守军中毒昏迷，张家山前沿高地才为敌所占。

预10师师长葛先才在五显庙指挥所，距张家山仅700米，与30团指挥所萧家山相距不足300米，一直密切注视战况。此时深知陈德垦团长手中的预备队已所剩无几，难再有力量实施反击，乃派师直属工兵连、搜索连驰援张家山，自己亲率参谋长与卫兵数人来到30团团部，闻知2个高地为日军所占，立即亲自指挥师直属2个连于凌晨2时30分展开反击，同时要求炮兵集中火力，对敌后续部队实施拦阻射击。一时间号声大作，官兵大呼杀敌，战志如云，与敌鏖战40余分钟，将突入之敌全部歼灭。此战之后，原来守军1营伤亡殆尽，营长肖维、副营长赵毓松负伤，2连连长刘铎铮、3连连长应志成阵亡，全营的排长仅剩1人。而反击的师部2个连亦伤亡50余人，其中工兵连长黄化仁负伤不退拉响手榴弹与冲上来的日军同归于尽。搜索连排长王振亚在与一日军军官肉搏时，将其抱紧一起滚到山腰的地雷上！

葛先才知道30团伤亡惨重，1营、2营都已经是伤亡殆尽，乃将工兵连、搜索连与30

■ 张家山是衡阳保卫战中最激烈的战场之一，战后改称胜利山，负责搜集阵亡将士尸骨的葛先才就把阵亡将士公墓建在了张家山。今为衡阳市气象局观测站所在地。

附图5　衡阳保卫战陆军第10军防御配备及战斗经过要图

（1944年6月24日至7月6日）

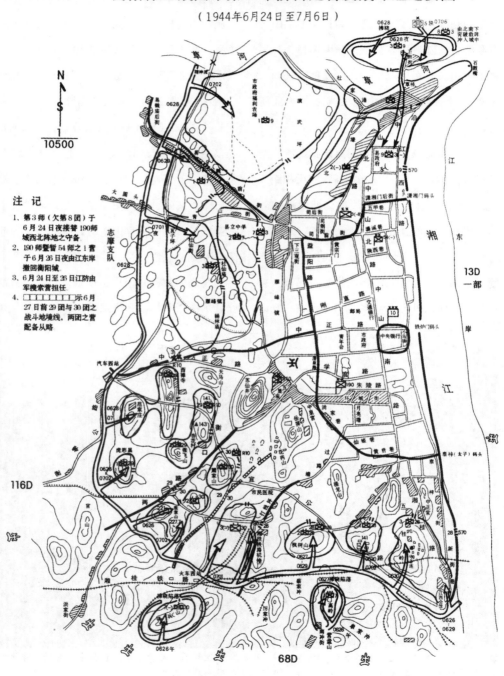

团的残部勉强凑成3个连,由副团长阮成指挥坚守张家山。当时天气酷热,葛先才率部冲上张家山,已是汗流浃背,加之目击阵地前手下官兵遍地遗尸,不禁悲从中来,伤心落泪,乃将上衣脱下,一面挥泪,一面抹汗。因此有传言云葛师长赤膊大战张家山,全军官兵闻之皆振奋不已!

惨烈鏖战

7月1日一早,日军便大举攻击虎形巢,幸亏连夜将偷袭的小股之敌肃清,否则后果不堪设想。但日军此次攻势相当猛烈,集团冲锋几乎是毫不停歇地一波接一波,战至黄昏,守军伤亡大半,手榴弹也用尽,阵地大部落入敌手,1营长劳耀民率残部只得退据阵地东北一角拼死固守待援。7月2日凌晨3时,朱光基团长命2营营长李振武率部增援,迭经激战终将阵地收复。但此时1营仅剩90余人,虎形巢阵地只得由2营接防。

预10师30团3营据守的湘桂铁路修机厂及西侧高地,因在枫树山与张家山两翼强大据点交互掩护之下,日军昼间行动困难,仅于夜间实行连续性冲击,遗尸无数。7月1日夜,修机厂一度为敌200余人突入,经周国相营长率部反击,天明以前将敌大部歼灭,少数占据家屋之敌,直至午后始行肃清,但该营伤亡甚大。

湘江一线,日军6月28日在机场部署火炮,不时向城内做骚扰性的射击。7月1日,日军分乘35艘木船企图强渡湘江,遭到担负江防的570团迎头痛击,该团以迫击炮轰击木船,并呼叫军榴弹炮营和飞机火力支援,在猛烈炮火的打击下,日军船翻人仰,死伤惨重,被迫撤回。此后便再不敢有渡江之心。双方隔江对峙,反倒是570团不时派小股部队过江袭扰,令日军不胜其苦。

范家庄至西禅寺一线,由于是一片毫无遮掩的水田,由预10师29团3营守备,3营以1个加强连防御范家庄,主力守备西禅寺。日军多次攻击,由于地形毫无遮拦,进攻路线全部暴露在守军的火力下,因此均为守军击退。日军屡攻不下后,只得改变战术,改从汽车西站沿公路进攻范家庄的西北,但却遭到了纵深西禅寺守军的火力拦阻,依旧无功而返。白天进攻不成,只好再改以夜袭,虽然能通过开阔地,但却在范家庄的绝壁下遭到密集手榴弹的"欢迎",无法越雷池半步。

在第一次总攻中日军218联队攻击石鼓嘴、草桥、易赖庙、汽车西站一线,第3师7团据守的汽车西站以北(不含)、瓦子坪亘易赖庙前街一线阵地,正面约1200米,地形平坦开阔,只有易赖庙后街连栋家屋及3条小路,为敌容易接近的路线。我军用地堡封锁小路,拆除连栋家屋,布设多层障碍,考虑到此处地形易守难攻，所以只部署少数兵力。但日军仍不顾一切实施攻击，以平射炮火对我军地堡进行直接瞄准射击，对我守军威胁极大。我军虽在第二线阵地部署48师战防炮营，经常对日军炮兵进行奇袭性压制，由于炮弹不多，无法进行真正有效的炮战。5天战斗后，一线地堡以及二线的炮兵阵地被毁损几达半数，官兵伤亡甚重。29日晨，日军70余人突入易赖庙前街。第1营营长许学启

指挥预备队反击，与敌展开逐屋战斗。战至中午，将敌击退，但许营长不幸阵亡，由副营长穆鸿才继任。

日军经过多日激战于7月2日突破瓦子坪阵地，守军第3师7团3营死伤大半，阵地失守，团长方人杰立即亲率2营实施反击，未能奏效，只得收容2营、3营残部退守杜仙庙。周祥庆师长当即将曾是自己侍从副官的3营营长李桂禄就地正法，方人杰团长撤职，以第9

■ 日军伤亡惨重，图为一支日军车队正将伤员送往后方医院。

日军编制简况

日本陆军的编制师承德国第二帝国，但在各级部队的名称上却又有着日本的特色。主要建制单位从大到小依次为：总军、方面军（如中国派遣军、南方军、关东军等）、军、师团、旅团（后期旅团基本撤消，由遂行特定战术使命的支队代替）、联队、大队、中队、小队。

一般而言，小队相当于排（小队长军衔为中尉或少尉），中队相当于连（中队长军衔为大尉），大队相当于营（大队长军衔为中佐或少佐），联队相当于团（联队长军衔为大佐），旅团相当于旅（旅团长军衔为少将），师团相当于加强师或军（师团长军衔为中将）。

日军常设四单位制挽马师团的步兵联队下辖4个步兵大队（每大队下辖4个步兵中队）、1个步兵炮中队、1个山炮中队，总兵力3747人，马526匹，各种枪2590支，各种炮14门，掷弹筒76具，非机动车256辆。日军步兵联队普遍都配置至少1个身管炮中队，而中国军队大多数步兵团最多只有1个迫击炮连，因此在支援火力上有很大差距。

德国第二帝国的陆军以师作为战略单位，每师1.8万人，其中步兵1.2万人，其他兵种约6000人。日军的一个师团，最初完全仿制德国一个师的编制，约1.8万人。但是后来随着战事的变化，作了多次改动，有的扩大，有的缩小，分为很多等级。

抗战时期，日军为适应不同战斗规模的需要，把师团分为甲、乙、丙、丁四种等级：

（1）甲种师团：又称挽马师团，辖2个旅团（每个旅团辖2个步兵联队），工兵、骑兵、炮兵、辎重各1个联队，共8个联队，其中重火力为炮兵联队辖4个大队（装备36门75毫米山炮和12门75毫米野炮），步兵联队辖1个联队炮兵中队（4门75毫米山炮）、1个步兵炮中队（4门70毫米步兵炮）。步兵联队辖3个步兵大队，每个大队辖4个步兵中队、1个机枪中队（装备8挺重机枪）、1个大队炮小队（2门70毫米步兵炮），步兵中队辖3个步兵小队，小队辖1个机枪组（装备2挺轻机枪）、1个掷弹筒组（装备2个掷弹筒）。加上1个师团部、2个旅团部的直属非战斗人员，全师团总共28500人。

（2）乙种师团：又称驮马师团，由于后期马匹不足，在将甲种师团标准建制上的骑兵联队缩编为大队（甚至有个别乙种师团不设骑兵部队）。辖2个旅团（每个旅团辖2个步兵联队），工兵、炮兵、辎重各1个联队，共7个联队，其中炮兵联队辖4个大队（装备36门75毫米野炮与12门120毫米榴弹炮），步兵联队辖1个联队炮兵中队、1个速射炮中队（4门37毫米速射炮），加上1个师团部、2个旅团部的直属非战斗人员，全师团总共24400人。

（3）丙种师团：由混成旅团扩编而成，辖3个步兵联队，工兵、炮兵各1个联队，共5个联队，加上1个师团部的直属非战斗人员，全师团总共12800人。

（4）丁种师团：也是由混成旅团扩编，但只辖3个步兵联队，其他兵种只有大队或中队编制，总兵力共11000人。由于编制比较小，属于机动灵活的轻装部队，主要用于扫荡八路军的华北根据地。

（5）独立混成旅团：与师团一样是独立的战术单位，一般辖2—3个步兵联队，其他兵种的人数比丁种师团还要少，总兵力共5000人。通常承担战役辅助方向的任务。

1937年以前，师团是日军的基本战术单位，日本陆军总共只有17个常备师团，番号为近卫师团和第1—第20师团（内欠第13、15、17、18师团，后来组建了第13师团和第18师团），这17个师团是老部队，后来多数成为甲种师团。常备师团番号的数字加100，即番号为第101—120的师团被称为特设师团，是由各师团的预备役人员所组成的，编制与老师团完全相同，但是由于后期马匹不足，多数建成乙种师团，也是战斗力很强的部队。番号在21—100之间的师团是抗战之后陆续新建的，有的是由独立混成旅团扩编，有的是由新兵组成，为乙种、丙种或丁种师团，没有一定的规律。

在战争中，日军发现四单位制的甲种和乙种师团行动不够灵活，于是开始大量组建三单位制的丙种和丁种师团以及独立混成旅团，这些部队多用于守备和小规模的野战战役。

武汉战役后，由于战场的扩大与战争的消耗，日军开始越来越多地将三单位制师团与独立混成旅团投入第一线。因此日军进行了编制上的调整，将三单位制师团的后勤部队进行扩充，使师团总兵力达到了1.5万—1.7万人。还将独立混成旅团的步兵大队改为辖4个步兵中队与1个机枪中队，使独立混成旅团的总兵力达到6000—8000人。但是加强编制的部队仅限于一线部队，守备部队仍为原编制。另外又开始将四单位制师团改为三单位制师团。

太平洋战争爆发后，日军又组建了两旅团制师团。师团下辖2个步兵旅团，每个旅团辖4个步兵大队，每个步兵大队辖4个步兵中队与1个机枪中队（装备8挺重机枪）。师团没有炮兵，仅直辖工兵队、辎重队与通讯队，总兵力为11980人。

1944年，日军又将师团重新划分为甲乙丙三种（此时已无四单位制师团了）。甲种师团有两类，一类为原有的常设师团，编制总兵力为2.1万人，所属炮兵部队装备36门75毫米山炮或野炮。另一类为原有的特设师团与三单位制师团，编制总兵力为1.8万人。乙种师团也是三单位制师团、只是没有炮兵联队与骑兵联队，编制总兵力为1.4万人。丙种师团即两旅团制师团。同时、日军又出现了独立警备队与独立步兵旅团两种编制。独立步兵旅团的编制与两旅团制师团所辖的步兵旅团相同，编制人数为5100人。独立警备队下辖6个步兵大队，每个大队辖3个步兵中队与1个机枪中队（装备4挺重机枪），没有其他兵种，编制总兵力为4900人。

1945年，日军对兵力编制做了最后一次调整，主要是给丙种师团的步兵大队增编1个步兵炮中队；将独立混成旅团的步兵大队改为辖4个步兵中队、1个机枪中队与1个步兵炮中队，使编制人数达到1500人。旅团炮兵则装备6门野炮与12门山炮，同时工兵、辎重部队也予以扩编，使其总人数达到8000人以上；组建丁种师团，其编制大体与丙种师团相同，但没有其他兵种。其步兵大队的机枪中队只装备4挺重机枪，步兵小队仅有1挺轻机枪与1个掷弹筒。

团副团长鞠震寰接任团长，以2营守杜仙庙，3营残部约130人则整顿为团预备队，由7团团附王金鼎指挥。鞠震寰上任伊始就对各营连长说："我受命于危难，我只有两个本事，一是斩马谡，凡是作战不力，丢失阵地的人，严惩不贷！二是身先士卒，带头杀敌不落后，希望大家和我一样，抱定一个信念，要死也要死在与鬼子的拼杀中，不要死在自己人的枪下！"方先觉随即将李桂禄、方人杰的处置通令全军，并对周庆祥当机立断执法严明予以表彰，全军闻之，无不肃然。

守备辖神渡的第3师9团1营2连连续击退日军猛攻，但自身也伤亡惨重，至7月2日晨，连长苏毓刚阵亡，全连仅余20人，由排长黄宗周继续指挥，日军还在蜂拥而来，战至9时许，全连壮烈殉国，渡口方告易手。3营8连、9连据守的来雁塔、望城坳两处，也遭到日军重兵猛攻，因此无法抽兵支援辖神渡，守军虽竭力奋战，终因众寡悬殊，至14时望城坳阵地被突破。9连连长许建及2个排长相继阵亡，孙虎斌营长令7连连长周炳生率2个排反击，敌势稍挫。15时，周连长咽喉被子弹贯穿（数日后伤重不治），由排长张志贞接替指挥。同时，8连据守的来雁塔阵地亦被敌突破，连长失踪。萧圭田团长在草桥北端督战，见形势不利，乃严饬孙营长整顿部队，向石鼓街集结，于日落后经蒸水石桥撤回草桥南岸。工兵部队随后炸毁石桥，并将蒸水两岸的木船竹筏全部驶回北岸以免为敌所用。

进攻衡阳南郊的68师团、进攻西门的第57旅团，都在第10军的强烈抗击下，直至7月2日仍无进展。日军第11军在宽5公里的正面投入了15个步兵大队，连续猛攻了5天，仅前进了约1公里，伤亡很大（战后日军战史记载，其68、116师团所属各步兵中队平均仅存20名，以此推算其伤亡当在16000人以上），并消耗了大量弹药，仅仅攻占了停兵山、高岭、瓦子坪、辖神渡、来雁塔、望城坳等若干阵地，最终仍未实现一举攻占衡阳的企图。鉴于继续进攻亦难以取得进展，第11军军长横山勇于7月2日夜决定，暂停对衡阳的进攻，各部抓紧进行休整补充，计划再次对衡阳进攻的时间为7月11日。对于第一次总攻失败而暂停攻势，日军第11军是这样向大本营报告的："各队炮兵弹药殆已用尽，因此不得已只好等待炮兵准备齐全再行进攻。"

在6月28日至7月2日连续5昼夜的激战中，除了黄昏、拂晓和中午，战况稍事沉默一两个小时外，其余时间，敌我双方均进行了无休止的惨烈搏杀。日军往往先以飞机轰炸、炮火轰击与毒气袭击，待我军阵地官兵陷入瘫痪时，步兵始向我阵地猛冲。当敌机轰炸和炮击时，守军官兵都蛰伏在散兵壕和掩体中，以避免伤亡，待敌进至近距离，敌炮兵开始延伸射击后才从掩蔽工事中跃出，以事先部署的侧射与曲射火力，歼灭敌人于阵前。如敌已突入，守军则以两侧阵地之火

力封锁缺口，掩护正面守军，以手榴弹与刺刀反击，歼灭敌人于阵地内。如此针锋相对，血肉相拼，使锦绣繁荣的衡阳，变成了古今罕见的修罗场。战场遗尸堆积如累累山丘，血流满地，土壤为之变赤，烈日炙晒，奇臭无比。每隔数日日军便于阵地上焚烧尸体一次，阵阵焦臭恶味，令人作呕！

日军认为第一次进攻衡阳失败的原因主要在于：

1. 在地形上，衡阳南郊、西郊有无数大型池塘，形成进攻之地障。

2. 守军防御体系完备、工事坚固，特别是交叉火力组织得极为严密。

3. 守军战意旺盛，抵抗坚强。

4. 守军航空部队占有优势。

5. 进攻之两个师团弹药不足。

在抗击日军第一次总攻中，守军伤亡也在4000人以上，其中预10师30团损失最大。战前原准备可用2周之粮食弹药，步机枪子弹消耗已达十分之六，守军最有效的武器手榴弹已消耗三分之二，迫击炮弹已消耗四分之三，山炮炮弹更是只剩十分之一。衡阳原为湖南著名的米市，粮食供应本应不成问题，怎奈敌机连日滥炸，城区一片焦土，很多粮食化为灰烬，蔬菜更是断绝，只能以盐水下饭。就餐时群蝇争食，挥之不去，使官兵病患人数大增。

为了巩固防御阵地，方先觉也对兵力进

行及时调整，命尚在衡山一线的第3师8团于7月6日进入衡阳归建，以加强守备力量。8团是6月24日第3师主力返回衡阳后，继续留在衡山地区活动。其主要活动情况如下：25日日军进占南岳市，26日夜团主力与敌稍事接战后即撤离衡山城。27日凌晨，在湘江东岸的3营因南进之敌压迫，撤回湘江西岸与团主力会合，随后全团经衡（山）衡（阳）公路至南底溪。28日转至禹王宫。7月3日，接师部电令撤回衡阳归建。虽然明知撤回衡阳，就意味着进入极其危险的绝境死地，但是8团毫不犹豫地于当日黄昏后，急行南下，经七星冲至望仙桥以北地区，但发现日军大部队正经望仙桥南进，只得折回禹王宫。4日晚再按原路线南行，5日黎明到达阳仙庙休整，与师部取得联络，遵命利用夜暗，迅速向草桥前进。6日凌晨，在我军2架飞机的掩护下，排除沿途少数敌军抵抗，于中午到达草桥以北地区，发现通往渡口要道的天主教堂有日军200余人占领，乃以1营1连展开攻击；另以2营抢占要点，阻击由七里井南下尾追日军。天主教堂之敌凭坚固守，几次攻击未果，团长张金祥下令集中全团迫击炮猛轰，加之我军飞机4架助战，日军终于不支沿河北岸溃退。此时草桥南岸第9团已用竹筏木船架好浮桥接应，第8团乃按3营、直属部队、1营、2营的序列南渡蒸水进入衡阳城。8团入城使全军士气为之一振，该团在衡山附近游击活动历时半月，伤亡约三分之一，骡马全部损失，但毕竟给衡阳增添了一份新的力量。

鉴于日军主攻方向未出方先觉预计，始终在西南方向，第3师7团防御易赖庙前街、青山街、杜仙庙、杨林庙一线阵地，第8团防御五桂岭北半部至接龙山第二线阵地，第9团守备天马山至岳屏山二线阵地，第190师守易赖庙、演武坪、石鼓嘴至铁炉门以北，暂54师（仅有1个营）在铁炉门南沿江警戒，预10师仍守原阵地，军前线指挥所移至中央银行防空洞内。

挫败日军第一次攻城后，重庆全国慰劳总会发起向衡阳守军签名致敬运动，收集到20万人的签名，用白绸制成1丈长的信封20个，装上签名致敬信，连同大后方人民捐献的大批慰劳品，由空军飞机空投到衡阳。

短暂间隙

7月2日，日军对衡阳的第一次总攻被挫败后，日军第11军抓紧调集兵力物资，补充休整，准备再次进攻。11军军长横山勇组织力量对在前一段时间内占领的地区加紧扫荡，修复公路桥梁，确保交通，以利于向衡阳前线调运部队和物资。日军从岳阳至长沙开辟了两条运输线，一条是经新墙镇、新市、福临铺至长沙的"甲线"，另一条则是经崇阳、通城、平江、春华山到长沙的"乙

■ 衡阳会战中期（1944年7月24日），时任国民政府主席的蒋介石特别颁发军人最高荣誉：青天白日勋章及证书授予葛先才将军，表彰其卓越的战功。

线"，7月6日，就有1200辆满载物资的汽车从岳阳经长沙开往衡阳。除了陆上交通，日军还非常注重利用湘江进行水路运输。由于乙线位于山区，中国军队及湖南地方武装利用地形之利对其进行反复破坏和破袭，日军修复以及保障通行必须投入大量的人力、物力，几番折腾之后，终于发现维持乙线的畅通代价太大，实在划不来，便放弃了这一线路，而以甲线和水运为主。水运虽然便捷，但却是中美空军的重点照顾范围，船只屡遭空袭，损失不小，尤其是刚从武汉调来的吃

水浅吨位大的"宣扬丸"，就在7月10日被中美空军炸沉，船上200吨航空汽油和700吨弹药没能保存下一星半点。陆路交通同样也受到中美空军的严重威胁，大部队行军被迫只能改在夜间，而白天行军必须分散，且需随时注意防空。

尽管不断受到中国军队地面部队和空军的袭扰，日军还是向衡阳运来了弹药物资和补充兵员，7月3日架通了从长沙到衡阳的直达电话线，并对68师团和116师团进行了建制整顿和人员调配，调第55旅团长堤三树男少

将继任68师团长，独立混成第17旅团高级参谋小合茂大佐继任68师团参谋长。至7月10日在衡阳地区的部队得到76吨的弹药补充，以后每天可补充30吨。增派的炮兵部队独立野炮兵第2联队、独立野炮兵第15联队第1大队、迫击炮第15、16大队共计山炮15门、100毫米加农炮8门、150毫米榴弹炮3门和迫击炮10门陆续到达，基本完成再次进攻的准备。

空军方面，第5航空军从7月7日开始，对江西赣州、四川梁平、江西遂川、广西桂林和湖南芷江等机场进行了空袭，以压制中美空军。还组织了临时飞行队于7月11日进驻刚刚修复的长沙机场，以便就近起飞加强对前线的空中支援。

衡阳前线，日军也没有完全放弃进攻，7月3日以后，多以夜间对重点地区进行攻击。7月4日16时，将10余门火炮推进到守军阵地前四五百米处，向张家山、虎形巢等阵地猛轰。守军炮兵随即还击，炮战将近1个小时，可能击毁日军火炮2门，守军在清泉路的军山炮营第2连也遭到日军炮火压制，连长李促琦和1排长张清秀负重伤，被击毁1门火炮。黄昏以后，日军步兵即分别向我张家山、虎形巢阵地展开波浪式攻击。张家山方面，30团副团长阮成坐镇指挥，一夜之中，连续击溃敌5次冲锋，阵地屹立不动。虎形巢阵地，日军连续组织三次冲锋，终于有部分人突入阵地，与守军逐堡争夺，战况紧急。29团朱光

基团长派3营营长严荆山率领7连及团直属部队编成的1个连，由杏花村方面火速驰援，此时百余日军占领虎形巢西北约三分之一的地区，反击部队与敌作拉锯式的争夺，原来守军在2营长李振武率领下也冲出工事，全力反击，与援军形成夹击之势，激战达2个小时，最终将阵地收复，严荆山营长右腿受伤。天明后清查战场，守军伤亡120余人，日军遗尸200余具。

7月5日至8日，日军每于黄昏后，以炮火掩护分向江西会馆、枫树山、修机厂、张家山、虎形巢各阵地攻击。双方互有伤亡，守军阵地安然无恙。

7月6日，由芷江空军第3路军司令部转来军委会蒋介石两封电令，第一封是嘉勉第10军将士奋勇固守，指示第10军务必再显神勇，固守两星期，配合外围友军，内外夹击，以完全歼灭进犯的敌人，造成空前的湘中大胜利。第二封电报是嘉奖预10师师长葛先才指挥张家山作战有功，特颁青天白日勋章一枚，其他有功官兵着由方军长详细呈报，从优奖叙。

7月8日中午，中美空军飞临衡阳上空，第一次空投补给品和慰劳品。因市区及城郊地幅员狭小，有不少物品飘落于敌军阵地和湘江之中；能拾得者不及五分之二。其中最多为毛巾、肥皂、香烟、八卦丹、万金油之类。令人失望的是，却没有城中最迫切需要

的药品。最令人兴奋的莫过于投下的报纸。当天重庆出版的《大公报》："据军事委员会7月7日发表战讯：在保卫衡阳恶烈战斗中，我某师师长葛先才将军率领所部，亲冒毒气，恢复张家山阵地有功，政府特颁给青天白日勋章，并记大功一次。其关于参加该役作战之各连连长、各排排长、各班长亦各给忠勇勋章一枚，并记功一次；并对守城之忠勇奋斗卓著勋劳全体官兵，亦奖励有加。"

空投物资由桂林的军委会后方勤务部负责准备，由空军负责空投。空投物资先是装在竹篓里，再装入大麻袋，每袋重量不得超过50公斤，挂上投物伞后运上飞机，一般每架飞机空投30袋左右，配备空投人员6至8人，其中1人必须是空军专业人员负责指导空投。投入空投的运输机主要是美制C-47，每天出动2至4架不等，从理论上说，每架飞机从桂林起飞每天可以往返衡阳四次，但实际上每天空投从未超过10架次。蒋介石对空投很重视，最初几天几乎每天打电话询问空投情况。到7月20日后，运输机和投物伞都已经无法保证每天都有，因此空投只能时断时续。鉴于第10军报告有些空投物资落在城外日军阵地，所以空军还特意在一些空投袋里装入爆炸物，故意投到日军阵地。

7月9、10两日，战况稍为和缓，日军集中力量准备第二次总攻，没有再发动新的攻势，只有飞机不断前来轰炸，衡阳城早已成为一片焦土，在这两天的空袭中，县政府附近野战医院收容的伤兵700余名被炸得血肉横飞，惨不忍睹。方先觉只得下令将其余伤员分散各地，医护人员因无药品，对伤员无法换药，每日只能用盐水清洗伤口，再用破布、废纸敷盖而已。时值酷暑，苍蝇极多，创口因感染发炎、化脓、溃烂、生蛆者不可计数。重伤者只有等死，极少幸存。根据预10师30团3营营长蒋鸿熙的回忆，衡阳仁济医院因为撤退仓促，很多药品器材都来不及撤运，当第10军野战医院进驻仁济医院后就把所有药品器材都接管了，所以战役初期第10军的药品供应还是比较充裕的，但很快就在残酷的战斗中消耗殆尽了。

根据时任第九战区派驻衡阳的督战官兼炮兵指挥官蔡汝霖少将回忆，当时在衡阳除了弹药粮食药品外，就数香烟最宝贵了。方先觉军长烟瘾甚大，战斗初期还把香烟作为礼品或奖赏送人，后来就只够自己抽再不送人，甚至还把一支烟分两次抽。最后香烟彻底断顿，卫士们只好将烟头收集起来，剥去烟纸把烟丝重新卷成烟给方军长抽，聊胜于无。有一次被第10军救下的飞行员陈祥荣的队友在投下的通信袋里放了几包烟，陈祥荣分给大家，蔡汝霖分得5支居然高兴地犹如发了一笔洋财！第10军的高级军官况且如此，普通士兵的情况就可想而知了。

衡阳会战日本陆军部队兵力和装备情况

部队名称	部队等级	总兵力（人）	各种火炮（门）	轻/重机枪（挺）	马匹（匹）
第13师团 第116师团（相同）	战时特设 乙级三联队师团	12869	三八式野炮或 四一式山炮 36 一一式步兵炮 18 三一式速射炮 9	九二式重机枪 104	2390
第58师团 第68师团（相同）	战时特设 治安师团	11627	四一式山炮 16 九二式步兵炮 16 九二式步兵炮 24 八九式掷弹筒 240	九二式重机枪 64 十一年式轻机枪 240	1023 车辆 92辆
步兵第218联队	治安警备师团 所属联队	2915	四一式山炮 3	九二式重机枪24 十一年式轻机枪 72	188

备考：衡阳会战是湘桂会战中的一次战役，共分三个阶段。第一阶段于6月22日以日军第68师团进攻衡阳东郊泉溪拉开序幕，7月2日告一段落。第二阶段于7月11日开始，7月19日停止。第三阶段于7月27日开始，8月7日中国守军司令官方先觉向日军降伏。8月8日衡阳沦陷，衡阳会战宣告结束。衡阳会战日军共投入兵力51907名、各种火炮251门、重机枪360挺、作战马匹7014匹。

1.在1944年7月的衡阳会战中，步兵第133联队所属三个步兵大队的大队长相继战死。其中步兵第二大队足立大队长战死后，后任东条大队长就任不到10天也战死了。占领衡阳后，步兵第133联队担任衡阳地区的警备任务。

2.1944年5月，野炮兵第122联队从独立山炮兵第5联队处得到了18门山炮，联队的三个大队均改为了山炮大队。在衡阳会战中，野炮兵第122联队半数以上的山炮被中国军队摧毁，损失惨重几乎丧失了作战能力。同年8月下旬在宝庆会战之后，野炮兵第122联队从第二十军部补充了大量的火炮，重新组编了两个山炮大队和一个野炮大队。

3.第68师团长佐久间为人中将于1944年7月1日战伤，由堤三树男中将接任师团长之职。同师团参谋长原田贞三郎大佐也于同日战伤，由小合茂大佐接任师团参谋长之职。

4.第68师团步兵第57旅团长志摩源吉少将于1944年8月7日战死，由黑濑平一少将接任旅团长之职。

5.第116师团所属步兵第120联队长和尔基隆大佐战伤，由儿玉忠雄大佐接任联队长之职。

本章所有日方表格及备考资料主要来源：
1.《帝国陆军编制总览》。外山操、森松俊夫编著，芙蓉书房，1987年12月发行，共三卷。
2.《陆军师团总览》，近现代史编辑部编著，新人物往来社，2000年11月10日再版。
3.《日本陆军兵科联队》，新人物往来社战史室编，新人物往来社，1994年10月发行。
4.《日本陆军步兵联队》，新人物往来社战史室编，新人物往来社，1991年发行，2002年6月改版发行。
5.《中国现代史地图集》，武月星等编著，中国地图出版社，1999年7月发行。

第三章
喋血孤城

再攻衡阳

日军第二次对衡阳的总攻由116师团长岩永旺统一指挥，以68师团攻击城南铁路北侧的芭蕉林及回雁寺，担负城南主攻；116师团攻击铁路以北的33高地及两路口，担负西南主攻；57旅团和218联队从小西门、体育场方向攻击。攻击开始时间为7月11日7时，攻击重点依然还是城西南和城南一线。总共投入兵力约3万人，步兵15个大队，其中68师团7个步兵大队、116师团6个步兵大队、34师团218联队2个步兵大队；炮兵12个大队，其中野炮兵第122联队3个大队、独立山炮兵第5联队3个大队、独立野炮兵第2联队3个大队、独立野战重炮兵第15联队1个大队、迫击炮第15大队和迫击炮第16大队；航空兵部队仍为第5航空军。

7月11日清晨，日军对衡阳的第二次总攻如期开始。日军第5航空军倾力出动轰炸守军阵地，其轰炸机第6、第44战队在第1飞行团战斗机掩护下，对衡阳市区和西南郊一线阵地进行了反复轰炸、扫射，外围阵地上的防御工事几乎全被摧毁殆尽。守军只好利用炸弹坑作为掩体进行顽强抵抗。日军轰炸还将城内所有的有线通讯线路都炸断了，第10军军部与各师、团的联系全部中断，各师团营之间的联系也全部中断，只能靠传令兵联络。方先觉在军部已无法指挥，只得带着警卫到各阵地上去指挥。

116师团120联队在野炮兵第122联队和独立野炮兵第2联队的炽烈炮火掩护之下，最早发起攻击，至8时30分占领张家山以北约300米的小高地（日军称之为X高地），随即以此高地为依托，向预10师29团2营防守的虎形巢发动进攻。虎形巢阵地前是一片开阔地，而且面敌一侧山坡已经被守军削成了绝壁，绝壁上就是工事，这种对进攻方极其不利的地形给日军带来了极大困难。由于地形实在太过险恶，白天部队冲击几乎就是送死，所以日军白天不敢以大部队冲锋，只能利用夜色偷袭，但连续猛攻了两个晚上，依然毫无进展。万般无奈之下，日军只好改变战术。

7月13日晚，120联队长和尔基隆先将炮兵前推，然后步兵佯攻，诱使守军还击暴露火力位置，随后以炮火近距离射击。就这样先后消灭守军6处机枪阵地，再以炮火实施覆盖射击，将阵地前障碍物全部摧毁，这才亲自带领步兵在炮兵弹幕徐进射击掩护下发起冲锋。在如此猛烈密集的炮火下，守军根本抬不起头来，眼看日军就要冲上山头，突然在半山腰间的弹坑里跃出一些人影，向冲上来的日军猛投手榴弹，包括和尔大佐在内，当场就有很多日军被炸死，这场处心积虑的攻势自然也就化为乌有。战后按照日军的惯例，和尔基隆被追晋少将。116师团长岩永旺随即以儿玉忠雄大佐接任联队长，并对伤亡惨重的120联队进行整编。14日零时，重新整顿后的120联队再次发起攻击，守军拼死抵抗，全营伤亡四分之三，2营营长李振武率领仅剩的几十名士兵被冲上阵地的日军压到了阵地一角，眼见阵地不保，他们以无比的英勇上演了惊天地泣鬼神的悲壮一幕，全体在身上捆满手榴弹，与攻上阵地的日军同归于尽！就这样，日军才得已占领虎形巢，只有1营2连上等兵余奇烈被炮火震昏，醒来后见阵地上全是日军，依然孤身据守一处战壕，不停投掷手榴弹——余奇烈平日里有些愚钝，人称"傻子"，但素有膂力，是投手榴弹的一把好手，此时正好大展身手。

29团朱光基团长急令1营长劳耀民率部增援，但1营此时总共也只剩下100人，只好将团直属队和战防炮连改编成的步兵连凑在一起，勉强组成1个营，由劳营长指挥奋力反攻。日军刚刚攻占阵地，立足未稳，被刚才2营余部集体同归于尽的悲壮惨烈震惊地余悸未消，加上阵地上还有余奇烈在继续奋战，顿时就被1营打了下去。战斗中1营找到了余奇烈，本来劳耀民要余奇烈撤回团部，但余奇烈却说："我连上的所有弟兄都死在这里了，我要在这里为他们报仇！死也要死在一起！"说罢就随着1营冲向日军，孤身杀入敌阵，为日军包围后毅然拉响了手榴弹！14日晚，日军再次猛攻，激战至午夜，2名日军居然冲到了虎形巢山头营指挥所碉堡顶，手

端机枪向四面扫射，对守军威胁极大，劳营长亲率2名士兵跃出碉堡猛投手榴弹，将敌击毙。日军大队仍蜂拥而来，守军主要就靠手榴弹阻敌，劳营长也亲自在战壕里猛投手榴弹，命一士兵背着手榴弹箱跟着他，哪里危急就冲到哪里，他一人就把8箱手榴弹投得只剩下5枚！方先觉见虎形巢万分紧急，遂急调第3师9团3营增援，3营赶到后立即与敌展开鏖战，喊杀声不绝于耳，交通壕俱为尸体所阻塞，战至15日黎明，3营营长孙虎斌及3位连长、5位排长先后阵亡，1营营长劳耀民重伤，守军仅存10余人由章正宏排长指挥，固守最后3个碉堡，死战不退。葛先才鉴于张家山及其东侧修机厂已于昨日弃守，虎形巢势成突出，兵力单薄，不能久守，乃报请方军长准予15日天明前撤离，退守西禅寺、张家山之二线阵地。

张家山一线，仍由116师团最悍勇的133联队负责攻击，该联队在第一次总攻中伤亡惨重却未能奏功，令这支精锐之师在友军面前大丢面子，此次补充兵员并增加了野战炮兵第122联队第1大队配属进攻，志在必得。在攻击前，联队长黑濑平一大佐将联队军旗展开，向全体官兵训话："只要133联队还有一个人活着，就要将队旗插上张家山！"在拜旗仪式结束后即下令攻击，连续三昼夜的疯狂进攻，133联队以每100人编成一个梯队，在空军和炮火掩护下，向守军阵地发起

■ 日军穿过一片水稻田向中国守军阵地发起攻击。

一波接一波不间断的猛攻。此时坚守张家山的依旧是预10师30团，名义上是1个团，此时实际兵力仅相当于1个连，而且工事在敌猛烈炮火下已经大部被毁，但守军还是在顽强奋战。日军对张家山12次冲锋有10次突入了阵地，每次都是被守军以手榴弹和刺刀击退，双方死伤均十分惨重。11日午夜张家山阵地失守。30团团长陈德垒闻讯后立即亲率2营残部约120人发起反击，经连夜血战后在翌日清晨将阵地夺回。12日中午日军又第二次攻占张家山，此时30团已无预备队，乃由预10师参谋主任吴成采率2个连（师防毒连及团直属部队编成的1个连）实施反击，再次夺回阵地。日军疯狂反扑，这新增援的2个连全部战

死，阵地再告陷落。当晚军工兵营2个连在营长陆伯皋的带领下利用夜暗发起反击，第三次夺回阵地。阵地恢复后，工事残破，而战事极为紧迫，官兵只得以积尸加盖沙土，作为胸墙。13日14时，日军再度全力猛攻张家山，鉴于预10师已经到了山穷水尽的地步，方先觉令第3师8团1营2个连由1营长李桓彰率领调归预10师指挥，增援张家山。预10师师长葛先才亲率这2个连顽强抵抗，一连击退日军三次进攻，阵地前双方死伤枕藉，放眼而去，阵前全是横陈的尸体，几乎将黄土尽数覆盖。战至13日黄昏，新增援的2个连全部牺牲，张家山前沿2个高地第三次失守，葛师长认为，由于张家山前沿23、25两高地未能收

复，张家山主阵地受其瞰制，且左翼修机厂亦在危殆之中，势难久守。左翼若失，张家山更为孤立，实在不宜再投入大量兵力在此与敌缠斗，乃报准方先觉，放弃张家山及左翼修机厂，于14日黎明前退守肖家山、打线坪二线阵地。这时张家山上，草木全为炮火所荡尽，弹坑里积满鲜血，阵地前布满了尸体，山头土壤因为饱吸了大量的鲜血，颜色尽为骇人的赤色！就在这块小小的阵地上，中国军队有7个建制连的官兵整连牺牲在此！而日军133联队也付出巨大代价，第1大队长关根彰大尉、第2大队长足立初男大尉和第3大队长迫八郎大尉全部战死，6个中队长亡5伤1，可谓伤亡殆尽。

由3师8团守备的新街中正堂至五桂岭一线也是日军此次攻击的重点，从11日起就开始遭到日军猛烈攻击，13日晚阵地被日军突破，周庆祥师长见战局危急，亲赴新街督战。见日军攻入阵地，亲自带队反击，官兵见师长身先士卒，士气高涨，人人奋勇，一举将突入的日军尽数消灭。军委会收到战报后，以周师长作战英勇，守土有功，特授青天白日勋章。

15日，拿下张家山后已经实力大折的133联队不顾一切地再次攻击，在守军顽强抗击下，才前进了约400米，攻占枫树山。但16日以后，133联队终于到了强弩之末的地步，其第1大队的步枪兵总共不足100人，其第2、第3大队的伤亡情况也是如此，全联队由进攻前的3000人到眼下仅剩250人。116师团将218联队第3大队调归133联队，这个大队投入战斗后同样遭到重大伤亡，大队长平冈卓大尉被打死，由渡边直喜大尉代理指挥。133联队在得到这个大队生力军的增援后于17日下午攻占肖家山、市民医院等据点。

预10师30团修机厂一线，日军从11日夜攻至12日昼间，屡未得逞。12日夜日军200余人钻隙渗入阵地，分向两侧席卷。3营营长周国相沉着指挥，先以火力截断敌后继部队，然后组织敢死队奋力反击，历3小时奋战，卒将渗入之敌消灭。13日黄昏，激战再起，日军以50人为一波次，一波接一波向我阵地猛攻，修械所与右翼张家山阵地同时陷入苦战。周营长深知本团防御重点在张家山，修

■ 日军攻占了衡阳火车站。

机厂获得增援的希望其小，乃激励官兵独立苦战，誓与阵地共存亡。在几进几退的反复拉锯争夺后，日军攻入修机厂，占据一处坚固家屋，将机枪架于屋顶向四周扫射，守军失去地利，阵地几乎为日军这个机枪火力点所压制，伤亡很大，9连连长王云卿、机枪连连长何洪振相继阵亡。周营长自知日军既然已经占住脚跟，要想在没有增援的情况下将日军逐出，是根本不可能的，只有死战到底以尽军人的职责。13日深夜，周营长交代副营长蒋鸿熙："这次我带队冲锋，如不成功，你便率余部退守打线坪，如果上峰怪罪，就说是我的命令，你只是奉命行事。你不必多言，你的责任也大，要把活着的弟兄带回去！"说罢召集全营幸存官兵训话："弟兄们，我们再冲一次，成功是不可能了，死却是很难避免的，所以这次不勉强大家，愿上的跟我冲，不愿上的就在后面掩护，等冲锋结束，再随蒋副营长撤退。"言毕，端起机枪就往上冲，全营官兵除了跑不动的伤兵外，全体在后一起冲锋，周营长不幸饮弹殉国，副营长蒋鸿熙身中三弹仍坚持指挥，奋战不退，至14日天明后才奉命撤至打线坪，检点伤亡，3营幸存者仅61人，而且全部带伤！

预10师28团坚守的五桂岭、江西会馆一线，经11日彻夜激战，守备江西会馆的9连1排全部壮烈牺牲；外新街9连主力及五桂岭8连均陷入苦战。至13日，因守军伤亡惨重，日军终于在新街取得了突破，一时情况非常紧急。第3师师长周庆祥亲自带队反击，见师长冲在最前面，守军士气大振，无不奋勇，一举将突入日军肃清。

15日拂晓，敌百余人突入外新街南端，8连长王菊泉率部与敌作逐屋巷战。中午时分王连长阵亡，28团3营8连官兵仅余1位班长率兵2名守据西北角1个碉堡，仍在作顽强抵抗。翟玉岗营长即以刚赶来的军部搜索营1连从五桂岭东侧向外新街之敌反击。该连乃第10军最强悍的连队，连长臧肖侠有勇有谋，利用夜暗先派出突击小组绕至外新街南侧，于敌后纵火袭扰，主力再由正面冲锋，日军阵脚大乱，至16日拂晓将突入之敌全部歼灭。该连据守外新街，屡挫敌锋，杀敌甚众，而且不但只注重防御，见日军炮火凶猛，还派出突击小组于16日夜泅过湘江，潜入日军炮兵阵地，以手榴弹炸毁敌炮2门，此一行动不仅消灭2门敌炮，更重要的是给予日军士气以极大震撼。

1连上士班长姜九水独自带1挺机枪据守新街北侧碉堡，这个碉堡依山而建，伏地而筑，又扼路口又是湘江对岸炮火射击死角，日军几次冲锋都被他一人打回，除了伙夫和民夫爬进碉堡送饭送子弹外，就是他孤身坚守，直到18日，日军想尽办法将山炮推到碉堡正面，连发三炮将碉堡完全轰毁！

附图6 衡阳保卫战陆军第10军防御配备及战斗经过要图

（1944年7月7日至7月16日）

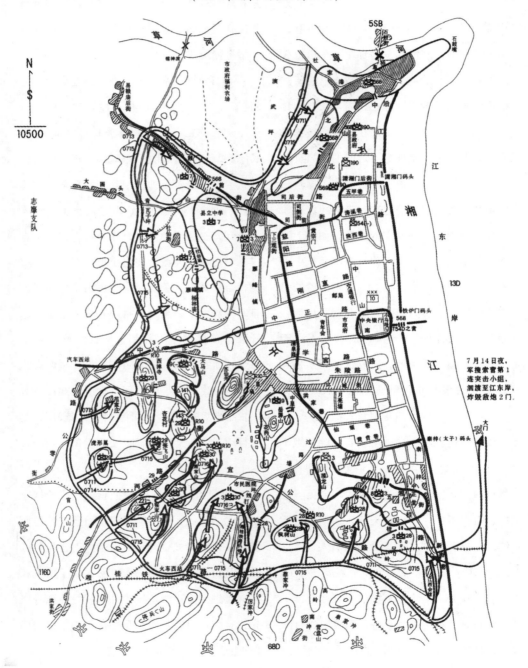

15日午后，日军向五桂岭南端阵地猛烈炮击，并施放毒气。黄昏前日军一波一波向守军阵地猛扑。激战至午夜，28团3营9连长林可贤阵亡，官兵伤亡惨重。副营长李昌本前往指挥，旋即负伤，守军失去指挥加之伤亡奇重，情势危在旦夕。幸第3师8团4连前来增援，战至天明，才将敌击退。

鉴于五桂岭一线情况非常危急，而且一旦五桂岭有失，将使整个防线动摇，因此方先觉命190师副师长潘质率569团前来增援。潘质将反击的第一个目标定为五桂岭上的制高点中正堂。先以迫击炮压制日军火力点，步兵则先投一排手榴弹，利用硝烟突进，再投手榴弹再突进，手榴弹突进掩护战术相当成功，很快569团就攻入中正堂。随后熟悉中正堂地形的潘质故意从正面逐步压缩，迫敌退入堂后侧厅——日军起初退入侧厅还很得意，厚砖高墙非常坚固，只有一扇大门可以出入，但随即就意识到这是一个活棺材——569团组织2挺机枪和4名狙击手封锁住大门，就把这些日军关在了里面，活活将其饿死渴死。潘质随后再以部队控制住制高点的楼台——楼台上有搭檐，除非炮弹直接命中，基本上是不大容易遭到敌火力杀伤的，在楼台上布置1个机枪排和几名狙击手，底下江西会馆里的日军就被彻底压制住，一露头就会被机枪手或狙击手干掉。潘质的指挥实在高明，直到衡阳城破，中正堂依然还在守军手里。

五桂岭西侧的141高地自11日夜起至12日连遭日军3次猛攻，皆为我守军28团1营击退。15日夜，日军再度猛攻，战况殊为激烈。战至天明，1营伤亡惨重，连赵国民营长都亲至一线投掷手榴弹，负伤不退，但所部伤亡太大，已万难坚守。日军百余人突入阵地，战局万分紧急，幸军部搜索营2连及时赶到，奋力反击，将突入之敌击退，转危为安。

位于张家山和141高地之间的枫树山前崖尽削成绝壁，又得团迫击炮连的密切支援，日军屡攻屡挫，于阵前陈尸累累，但在张家山弃守后失却侧翼掩护而告急。至15日夜，日军133联队百余人由141高地西侧渗入枫树山左侧农民银行地下仓库的28团团指挥所，2营营长余龙力战重伤后不治，4连连长李浚阵亡，守军防线动摇。葛先才师长亲率最后的预备队师特务连及军部搜索营3连前来增援，曾京团长指挥团部人员乘势合力反击，至天明，始将突入之敌尽行歼灭，但枫树山却因侧背遭袭而告失守。

小西门外日军第58旅团连续猛攻,但均被守军火力压制,急调炮火支援,才压制住守军火力。在纵深炮火支援下,日军才得已迫近守军阵地,但守军随即以手榴弹迎击,手榴弹战几乎整整持续了一个小时!接近阵地的日军几乎全被炸死,而守军自己伤亡惨重。由于手榴弹战双方距离不过二三十米,日军炮火无法支援,只能眼睁睁在后观战!中国军队英勇无畏的手榴弹战让受"武士道"熏陶的日军也备感胆寒!战至7月18日,才进至距小西门400米处。

第3师7团以2营据守杜仙庙、杨林庙阵地,1营据守易赖庙前街,3营据守青山街、县立中学,连日遭受日军飞机轰炸、炮火轰击及毒气,伤亡很大,易赖庙前街及杜仙街都被日军多次突破,但均为守军拼死反击所夺回。14日夜,2营长谢英于杜仙街指挥反击时中弹殉国,由团附侯树德接任营长。

190师568团在演武坪、杜家港一线阵地,连日虽遭敌步、炮、空不断袭击,但火力相对其他地区要弱,因此守军伤亡并不大,工事被毁则随即修复加强,日军迄未能越过一步。

湘江方面守军日夜监视江面,日军仅在火车东站附近部署火炮数门,不时向守军开火,加之敌机经常低飞扫射投弹,而未有大规模的渡江行动。

守军方面预10师不要说是3个步兵团和师直属部队,就连勤杂人员都已伤亡殆尽,此时继续坚守在第一线阵地上,虽然还是预10师的番号,但实际上已经多是从其他阵地上抽出的第3师以及军直属部队的官兵。方先觉也根据战局,于16日夜调整部署,放弃了坚守多日的五桂岭南半部、141高地、枫树山、范家庄等一线阵地,集中兵力退守二线阵地,具体部署如下:

第3师8团附军搜索营1连,共约300人占领外新街、五桂岭北半部阵地(外新街南端和江西会馆已经放弃);

预10师28团附军搜索营2连,共约350人占领接龙山、花药山、岳屏山阵地;

军工兵营附新编成的29团2营(由29团和30团残部组成,由预10师参谋古今任营长)及炮兵营,共约350人占领五显庙、苏仙井中间高地阵地,由预10师副师长张越群指挥;

第3师9团共约350人,占领天马山、杏花村141高地、西禅寺阵地;

190师570团共约90人,占领西龙山、西侧家屋、雁峰寺、中正堂、电灯公司二线阵地;

所有在第一线各部队统归预10师师长葛先才指挥;

军辎重团与军直属部队非战斗单位人员编成2个战斗营,每营约300人,为军预备队,分别控制于清泉路与月亮塘附近。

■ 第10军面对劲敌毫不畏缩，誓死保卫阵地，给进攻的日军以沉重打击。

第3师师长周庆祥认为这样从第3师里抽调部队添油式增援，名义上还是预10师，实际上却是第3师，血是第3师在流，功劳却全是预10师，尤其是在预10师师长葛先才获得青天白日勋章后，这个念头更为强烈，便向方先觉提出以9团整团和预10师29团换防。方先觉立即识破了周庆祥的心思，厉声道："大敌当前，大难当头，第10军要想在此战中求生存，任何人就不能有私心！也不能怀疑别人有私心！预10师伤亡太大了，营连长几乎都伤亡了，但是团长还在，一些官兵还在，他们熟悉地形、工事，派部队前去配属作战，免了熟悉地形的过程，有利于整个全

局。再说整团换防，两头都得费事费时，而且还容易为敌所乘。"周庆祥这才无语，以后抽兵增援再无二话。

17日最激烈的战斗是在衡阳市立医院后面的无名高地，自拂晓开始，日军便先以飞机轰炸，再用大炮轰击，然后就是步兵冲锋。守军面对日军的冲锋，就是手榴弹战和白刃肉搏，战况异常惨烈。8时许，守军30团2营徐声先营长阵亡（4个月后徐营长的遗腹女在独山出生，取名湘衡以为纪念），由原1营营长萧维接任2营营长，继续指挥作战，战至中午，萧维也身负重伤，再由30团团副甘握继任2营营长，甘握也在下午两次负伤。一

天之内，三任营长一亡两伤，战况之惨烈可想而知。

当天中午，守备蒸水南岸的190师568团1营3连发现河边有3头水牛，要知道此时这3头水牛对于已经20多天都只能以盐水下饭的第10军官兵来说，是多么大的诱惑。但是对岸日军正虎视眈眈，僵持到黄昏，终于有位班长按捺不住，冲出阵地奔到河岸，牵回1头牛。这才使190师上下饱食了一顿牛肉大餐，190师容有略师长特意送了一条后腿给军部，方先觉下令分给军部每个官兵，这样军部上下每人都得到一份，战后幸存者即便在多年后对此"佳肴美味"仍是记忆深刻——守军补给之艰辛，由此可见。

我军调整部署后所放弃阵地，日军仍有

30团2营少校营长甘握。

余悸，不敢轻易冒进，经过威力搜索，才敢进占。战后日军战史称："我军再度发起总攻之后，除和上次一样，仅夺取极小部阵地外，依然无所进展，而伤亡却更惨重。2个师团之原任中队长已所剩无几；大部分步兵中队已由士官代理中队长，勉强支撑战斗之惨局。第二总攻，又有联队长1名、大队长6名相继阵亡；而攻击之前途却仍不见乐观，于是攻击再度停止。"

由于衡阳久攻不下，致使日本中国派遣军极其不安，大本营的不满也逐渐爆发。7月16日，中国派遣军总参谋长松井太久郎中将来到长沙第11军司令部，传达大本营要求尽快攻占衡阳的命令，并要求横山勇将军主力投入衡阳以求尽快攻下衡阳。衡阳之战也进一步加剧了日本内阁的危机。当时日本国内对身兼任首相、陆相和参谋总长的东条英机极为不满，陆军出身的东条自然希望陆军能在中国战场有所表现，以维持他的统治地位。在太平洋上塞班岛的失守以及进攻衡阳接连受挫的双重打击下，7月18日东条终于被迫辞职。正如当时中国报纸所称："衡阳驻军及人民，乃以英勇姿态，展开抗战史中最光荣之一页，相持48日（实际为47日）不徒予后方以从容布置之时间，且使太平洋美国毫不顾虑而取塞班岛，东条内阁穷于应付而急遽崩溃。"

7月19日，衡阳战场日军再次组织全面进

攻，这也是日军拼尽最后一点力量的攻势，除了在小西门方向再推进100米的进展外，其他方向均无任何进展。中国派遣军总司令畑俊六大将打电话给横山勇，严加申斥，并责令其迅速攻下衡阳。但在长沙第11军前进指挥所里的横山勇放下电话，既羞愧又无奈。指挥所里，11军的高级幕僚和参谋人员已经吵成一团，有的人摇头叹息，认为无法攻下衡阳；有的人干脆绝望，建议应痛下决心，放弃攻城，以免徒添伤亡；有的人则据理力争，说投入数万大军，打了几十天，死伤那么重如果放弃，士气将因此崩溃，大日本皇军的赫赫威名将完全扫地；还有的人对116师团和68师团大为不满，认为这两个师团实在无能，将皇军颜面都丢尽了。横山勇对这两个师团也非常不满，认为两个精锐师团，四五万兵力，还配有那么强大的炮兵和空军，竟然攻不下不到两万疲惫之军守备的孤城衡阳。

同日，军委会电示方先觉："无论兵

■ 五里亭。7月20日预备队军特务营精选官兵150余人由曹华亭营长率领突出重围到此地接应援军，扑空而返，遭日寇阻击，牺牲惨重。

员如何缺乏，必须编足数营，向增援友军方向出击；否则，敌必以守城部队无力而不退矣！"次日午后，衡阳城内遥闻西南郊外隐约传来枪炮声，经与62军电台联络，约定内外对进互为策应，以期早日会师。方先觉命最后的预备队军特务营精选官兵150余人由曹华亭营长率领，利用夜暗突出重围接应援军。天明以前，出击部队抵达西南五里亭，不意友军踪影渺然，历尽险阻，竟未能如期相会，遂于21日夜失望而回。尽管明知返回衡阳，必定凶多吉少，但曹营长依然率部重新杀入衡阳重围！归途中经敌军阻击，伤亡过半，曹营长也受了伤，但仍率残部回到衡阳！以150余人之突击部队，竟能在敌军重围之中杀进突出，第10军官兵战力之强斗志之旺可见一斑。

连续九个昼夜的鏖战，日军以约8000人的伤亡，只攻占了张家山、虎形巢为核心的一线阵地，不得不顿挫于坚城之下。7月20日17时，横山勇不得不接受无情的现实，再次下令停止攻城，命第116师团和第68师团原地休整，再次补充兵员和补给，准备再战。同时调58师团至衡阳城西北、调13师团至衡阳湘江东岸，做第三次总攻衡阳的准备。另外以第3师团、第27师团和第34师团继续对外线中国军队实施牵制性攻击，策应衡阳作战。

日军进攻衡阳的2个师团，从5月27日开始湖南作战以来，伤亡数字按日军战史所载为：

68师团：亡752人（内军官35人）；伤1415人（内军官86人）；疾病878人（内军官10人），合计3045人，减员人数占全师团编制的25.9%。

116师团：亡833人（内军官63人）；伤1665人（内军官94人）；疾病914人（内军官9人），合计3412人，减员人数占全师团编制的18.6%。战时缩小自己部队的伤亡，是司空见惯的事情，所以实际上日军这两个师团的减员情况，要远远大于其自己战史所记载的数据。

21日拂晓，日军改变进攻方向，从合江套、泰梓码头到黄茶岭一线分三路企图强渡湘江。此时正逢湘江高潮，江水大涨。守军待日军渡至江心，机枪、迫击炮突然开火，几乎是在转瞬之间，日军汽艇就被全部击沉，江面上满是日军尸体。日军这次进攻伤亡极其惨重，从此后日军再也没有强渡湘江的想法。闻听捷报，方先觉亲自来到湘江边慰劳守军。

午后，我军观察所发现日军原在西南近郊的炮兵已撤至湘江东岸；在西北郊外的炮兵撤过蒸水。傍晚，日军辎重骡马及大批部队高举火炬，分两路过耒河、蒸水，并在湘江东岸及欧家町、望城坳等地纵火焚烧民屋。未几，即闻望城坳一带枪声大作，似乎与我外围援军接触，但至次日清晨，却又寂然无声，似乎已然退却的模样。实际此为日军伪装退却，希能诱我守军出击而乘虚袭占衡阳的诡计，但为方先觉识破，不为所惑！日军诱我出击之诡计未遂，便开始大力加强心理攻势。每日敌机轰炸时，均空投香烟及大批传单与"归来证"。传单上印着："能战善守的第10军诸将士：任务已达成。这是湖南人固有的顽强性格。可惜你们命运来好，援军不能前进，诸君命在旦夕！但能加入和平军，决不以敌对行为对待；皇军志在消灭美空军。"以期利用外围友军无力来援的事实，煽动、引诱、离间、涣散守军军心，但在第10军面前还是毫无收获。

困苦孤城

日军对衡阳第二次总攻失败后，即着手准备第三次总攻。虽然说是准备第三次总攻，但其间战斗并未停止，特别是日军从21日后一面对衡阳守军阵地不断进行猛烈炮击，一面组织小股部队实施袭扰。这期间虽无大规模战斗，但日军伤亡依然很大。116师团133联队经补充后战至7月30日，又有很大损失，各中队仅剩20人左右，实际仅相当于小队的战斗力，因而被迫将3个步兵大队缩编为3个突击队，每个突击队多者为80多人，少则70多人。全联队只剩下了5名军官，这在以往作战中是极其罕见的情况。68师团58旅团也将人员所剩不多的4个独立步兵大队第60、

115、116、117大队依次改编为第1、2、3、4突击队，每个突击队兵员也都超过100人。

22日晚起，至26日，日军每日黄昏前拂晓后，必向守军阵地进行猛烈炮击。由于我军炮兵弹药用尽，对日军炮火无法还击，以致阵地上官兵在日军炮火下伤亡很大。日军步兵先后向易赖庙前街、西禅寺、五桂岭北半部、外新街猛攻，但在守军奋勇抗击下，均未得逞。27日，我军飞机投下蒋介石给方军长的手令："守城官兵艰苦与牺牲情形，余已深知。余对督促增援部队之急进，比弟在城中望之心更为迫切。余必为弟及全体官兵负责，全力增援与接济，勿念。"

27日，日军攻势再起高潮，敌机竟日对我阵地猛烈轰炸扫射，午后15时日军更是集中炮火向西南阵地轰击达2小时之久，黄昏时分，日军对易赖庙前街、西禅寺、杏花村之143高地、苏仙井高地、花药山等阵地发起攻击。易赖庙前街日军先以平射炮推进至我军阵地500米处抵近射击，将守军地堡及坚固工事大都轰毁。入夜后，日军步兵连续发起五次冲锋，均在障碍物之线前被粉碎，日军尸体几乎塞满了外壕。拂晓前，日军再次猛攻，几乎是踏着尸体冲入守军阵地，与守军在阵地上展开激战，迄28日午，前街东北角为日军百余人占领。7团1营营长许学启阵亡后穆鸿才接任营长率部奋力反击，与敌逐屋争夺，战况殊为惨烈，官兵伤亡尤重，战至

■ 鏖战空前惨烈的衡阳保卫战后，只留下我守军忠骸与颓垣杂陈的血腥瓦砾场。

日暮，才将突入之敌肃清，恢复阵地。但穆营长及3连长王守先先后殉国，只得调8团附邹亚东和3连排长吴俊彦中尉分别继任营长、连长。

西禅寺原为二线阵地，自一线阵地弃守后，随即成为衡阳西南阵地右翼最重要的据点及全线阵地的突出部。守军第3师9团3营在此前战斗中伤亡惨重，营长孙虎斌也阵亡了，由赵寿山接任营长指挥残部约130人继续据守。自然成为日军攻击的重点，也是多日以来，日军炮火集中轰击的目标，庙中原有的两进高大庙宇被夷为平地，院内80余株大树亦被尽行炸折，甚至连根拔起。阵地前障碍重重，铁丝网虽多为敌炮火破坏，但木

栅高竖，外壕宽深，日军仍难以逾越，屡攻屡挫。27日夜，日军发射毒气弹之后遂行猛攻，但依然被阻于外壕。28日拂晓以后，日军飞机轰炸及炮火轰击更为肆虐。9时许，大队步兵分由西、南两面开始冲锋，不惜伤亡叠成人梯攀登，一部约100余人由公路南侧突入，3营营长赵寿山立即率部反击，将之全歼。但守军官兵也伤亡过半，工事也大部分损毁。萧圭田团长深知情况危急，急调团直属部队120人前来增援，这才稳定战局。

五显庙与苏仙井中间高地，为西南阵地核心，也是日军攻击重点。军工兵营营长陆伯皋发挥工兵特长，在阵地前构成宽15至20米、深12至15米的尖底外壕，再以有刺铁丝网平铺于壕内两壁之间，如张罗网以待。27日夜，日军连续攻击，但是只要跳入壕内就被铁丝网困住，如同飞蛾扑网，上下不得，进退不能。天明后守军便以机枪扫射，如打靶割草一般，敌尸不下600余具。天气酷热，尸体又无法处理，密布壕内，臭气熏天，苍蝇乱飞，蛆虫逞凶，宛如人间地狱。

140高地为第3师9团5连据守，此处北有天马山屏障，东西两翼有苏仙井高地及西禅寺掩护，深坑绝壁，工事坚固，故日军多次突进，均被击退。

花药山由28团1营残部据守，经27日夜日军三次冲击，官兵伤亡殆尽，阵地大部陷入敌手，28日拂晓，搜索营余部约80人投入反击，与敌拉锯争夺，战至9时搜索营营长何映甫负伤，由副营长曾广衡接替指挥，最后只剩20余人，终因后援不继，只得退守岳屏山。

29日，日军继续对西禅寺、140高地、五显庙、岳屏山全线猛攻，守军阵地工事大部被毁，官兵伤亡枕藉，但均抱退后一步即无死所之决心，拼死拒敌，伤者不下火线裹创再战，终于保住阵地。

30日夜，日军再以2个中队，向五桂岭北半部进犯，彻夜激战，亦未能得逞。

8月1日，日军集中兵力火力猛攻140高地与西禅寺，战至2日拂晓，140高地守军9团5连全部牺牲，阵地遂落入敌手。萧团长随即抽调6连逆袭，力战之后也仅恢复一半阵地，与敌呈胶着状态。西禅寺一线，日军三次突入阵地，三次被守军以坚强反击逐退，但经过这三次激战，3营长赵寿山负伤，官兵伤亡殆尽。萧团长命1营增援，连续三次逆袭，双方均伤亡惨重，至2日拂晓，方才将突入之敌歼灭，1营也只剩下官兵百余人。鉴于第3师9团已经消耗殆尽，方先觉调军辎重团1个营归9团指挥。

当日方先觉向蒋介石电陈第10军目前的艰辛、痛苦和困境："本军固守衡阳，将近月余，幸官兵忠勇用命，前仆后继，得以保全；但其中可歌可泣之事实，与悲惨壮烈之牺牲，令人不敢回忆！自开始构工，迄今两月有余，我官兵披星戴月，寝食俱废，终日于烈日烘炙雨侵中，与敌奋战，均能视死如归，恪尽天职；然其各个本身之痛苦，与目前一般惨状，职不忍详述，但又不能不与钧座略呈之：

1.衡阳房舍，被焚被炸，物质尽毁；幸米盐均早埋藏，尚无若大损失。但现在官兵饮食，除米及盐外，别无若何副食；因之官兵营养不足，昼夜不能睡眠，日处于风吹日晒下，以致腹泻腹痛，转达为痢疾者，日见增加，既无医药，更无部队接换，只有激其容忍，坚守待援。

2.官兵伤亡惨重，东抽西调，捉襟见肘；弹药缺乏，飞补有限。自午辰起，敌人猛攻不已，其惨烈之战斗，又在重演，危机隐伏。可想而知！非我怕敌，非我叫苦，我决不出衡阳！但事实如此，未敢隐瞒，免误大局。"

8月2日，我军飞机投下蒋介石复电：我守衡阳之官兵牺牲与艰难，以及如何迅速增援，早日解围之策励，无不心力交瘁，虽梦寐之间不敢或忽。惟非常事业之成功，必须经非常之锻炼，而且心有非常之魔力为之阻碍，以试验其人之信心，决非普通成败之可比，自必经历不能想象之危险与牺牲。此等存亡大事，自有天命；惟必须吾人以不成功便成仁以一死报国之决心赴之，乃可有不怕一切，战胜魔力，打破危险，完成最后胜利之大业。上帝必能保佑我衡阳守军最后之胜利与光荣。第二次各路增援部队，今日晨已如期到达二塘、贾里渡、水口山、张家岭与七里山预定之线。余必令空军掩护，严督猛进也。

自7月20日日军停止了第二次总攻，但仍每夜对我军阵地进行重点攻击，至月底的十日内，日军毫无进展，双方互有伤亡。8月初守军伤亡已是相当惨重，预10师3个团及

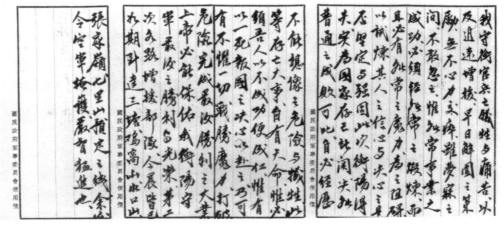

■ 蒋介石复电原稿的底本。

直属部队伤亡达90%以上，第3师3个团伤亡也高达70%以上，190师伤亡也达60%，但总算还有能战之兵约400人。军直属部队除辎重团尚有约500人外，其余搜索营、特务营、工兵营、通信营、炮兵营所剩兵力均不到三分之一，营连干部伤亡殆尽，几乎每次战斗都要晋升营长、连长以替补伤亡，最高纪录为第3师8团五桂岭争夺战，半日之中连续晋升5个营长，均先后壮烈殉职。8000名伤患无药治疗，轻伤者均自动重返一线参战，甚至伤虽不轻但尚能勉强行动者，也自愿留在阵地中。真正的重伤者伤口溃烂营养不良，且风餐露宿，日晒雨淋，多有死亡。创口生蛆的，更是比比皆是，因伤痛而自尽者，日有所闻。生者只能相看而不能救，惟有欷歔。就官兵心理而言：在满目积尸、满耳呻吟、满城恶臭、群蝇乱飞之中，除了望眼欲穿，切盼援军早日解围外，惟一的想法就是多杀日军为死伤的战友索回血债。

原来蒋介石只要方先觉守衡阳10天到两周，现在守城已历月余，重武器大部损毁，炮弹耗尽，万不得已需要炮火支援均须由军部批准，除留少数火炮外，其余火炮悉数埋入地下。军属各步兵团之迫击炮口径不一，有81毫米，也有82毫米。至7月下旬，81毫米炮弹已颗粒无存，而82毫米炮弹尚有数百发。于是军参谋长孙鸣玉发动军部人员，打磨半数82毫米弹的"弹带"部位，以使其能

适合81毫米迫击炮发射，许多人都磨得双手起泡甚至流血，方先觉见状有感而言："部队官兵每一秒钟都在流血，每一分钟都有死亡；诸君为国效命，此其时也。"步枪子弹手榴弹消耗已达85%，步枪机枪损耗也非常大，守军已开始从日军尸体上搜寻枪支弹药，对于防御战最有效的手榴弹，已经日显不继，不得已开始抽调江防部队的手榴弹，补充一线。

补给方面，事先储藏的粮食很多都在炮火下成为焦米，又无副食，长时间以盐开水佐食焦米粒糊饭，官兵无不面有菜色。方先觉8月1日电报里称"幸米盐均早埋藏，尚无若大损失"已经大为保守。衡阳城内池塘里的鱼虾甚至浮萍，早已捕食一空。少数士兵为求一饱，竟冒着炮火，跳入敌我之间的池塘捉鱼捕虾。衡阳之战正值酷暑，双方午间均是停止战斗，甚至有以手势或哨音相互示意不要射击，然后在战线交错的池塘里洗澡、捉鱼。在惨烈异常的战役中，居然还有此休战默契，实属罕见。

守军官兵经过月余鏖战，自然深知防御工事的重要性，都力求充分利用地形，发挥障碍物的作用，都能主动利用战斗间歇，修复并加固工事。军工兵营在五显庙与苏仙井中间高地的外壕中铺设带刺铁丝网，歼敌效果极佳的消息传开后，全军竞相仿效，无铁丝网者，将外壕尽量加宽加深。在缺乏兵力

■ 日军第11军军长横山勇。

防守地段，特别加竖木栅，并于其间密置集束手榴弹，每一战斗后随毁随修。

日军为尽快拿下衡阳，第11军全面调整部署，命在耒阳、安仁、茶陵一线的第13师团向衡阳以南推进，在长沙、易俗河一线的第58师团向衡阳以北集结，在衡阳西南阻击外围援军的第40师团抽出部分兵力加入攻城作战，同时对68师团和116师团补充兵员。至7月底，第13、58、40师团均到达衡阳战场，第11军军长横山勇也于8月2日携"天照皇大神宫"神符抵达衡阳，亲临一线督战。横山勇和11军参谋长中山贞武率领少数指挥参谋人员分乘3架飞机于8月2日5时30分到达衡阳机场。衡阳守军发现有敌机相继着陆，觉察到必然是重要目标，立即以迫击炮进行射击，第一架飞机的飞行员在着陆时见有炮弹在其周围爆炸，极为紧张而刹车过猛，飞机突然制动而因惯性猛然倒立，螺旋桨桨叶也被打弯。横山勇与中山贞武等人在飞机还没有完全停稳时就赶紧下飞机，但同机的人员中还是有一名军官被炸伤，两名士兵被炸死。随后横山勇由第13师团长赤鹿理陪同到达机场附近防空壕，

攻城部队4个师团的参谋长已在那里等候，先由中山贞武作简短训示，接着各师团参谋长汇报本部队进攻计划，中山贞武即根据各师团的计划与军命令对照，在防空壕内进行图上推演，发现第13师团如以2个大队的兵力强渡湘江困难较多，便决定该部到底是强渡还是伴动到时再根据战场情况确定。结束参谋长图上推演后，横山一行于当晚赶到了衡阳城以北的11军前进指挥所。

除了人员外，日军也对衡阳前线大力补充弹药。7月25日长沙至衡山的公路通车，当天便有36吨弹药由汽车送到衡山，再换由驮马辎重中队运往衡阳前线。

三攻衡阳

日军第三次总攻衡阳，计划投入4个师团，比前两次总攻增加了一倍的兵力，总兵力达8万人以上。7月29日第11军向所属部队下达了第3次总攻衡阳的命令：

全军于8月4日以主力对岳屏山一带之高地开始进攻，翌日以有力兵团对衡阳北部进行急袭一举攻占衡阳：

1. 第5航空军在8月3日、4日主要支援68师团作战，8月5日、6日主要支援58师团作战；

2. 第68师团从8月4日17时开始进攻，主力向岳屏山方向以有力一部攻占城南庙宇高地然后继续向铁炉门码头一带扩张战果；

3．第116师团于4日17时开始进攻，主力攻占岳屏山西北之高地后继续向中国银行方向扩张战果；

4．第58师团应隐蔽企图秘密进入出发阵地，8月5日以主力向衡阳西北，另以有力一部从衡阳城北侧地区开始攻击，并向湘江岸边永埠门码头一带攻击前进；

5．第13师团于8月4日在湘江东岸协同68师团进攻，5日开始对潇湘码头附近地区进行炮击，同日夜间以2个大队从该地附近强渡湘江配合由西面进攻的58师团作战。

11军这一命令将58师团的进攻时间比其他3个师团推迟1天，主要就是考虑给这个生力军更便于取得战果的机会。对衡阳的总攻由横山勇亲自指挥，而对湖南东部山区醴陵、茶陵、安仁地区作战由竹下义晴中将指挥。

8月3日，日军完成了对衡阳第三次总攻部署：

在衡阳外围，东部、南部：34师团位于莲花及其周围附近，27师团位于茶陵、攸县以北地区，一部仍驻于醴陵，第3师团主力位于耒阳及其以西地区，步兵第6联队位于茶陵，骑兵第3联队位于安仁，第13师团116联队位于耒阳，配合第

3师团南线中国军队援军；西部：第40师团在衡阳西南七里山、雨母山、二塘、城口墟、板桥、狭山冲一线，构成衡阳西部南北长约20千米的阻击线，掩护攻城部队侧后，原在白鹤铺的109联队第1大队返回116师团原建制；在平江、浏阳、长沙、株洲等地由野战补充队及临时组成的警备队担任守备，确保后方安全。

进攻衡阳的部队，68师团位于衡阳南郊回雁寺及五桂岭、岳屏山地区，57旅团在左（西侧）进攻岳屏山，58旅团在右（东侧）沿湘江西岸进攻回雁寺；116师团位于衡阳西南肖家山、天马山、西禅寺至大西门以北孔子坪一带地区，133联队位于肖家山，120联队位于天马山以东，配属该师团的第218联队位于天马山以西直至孔子坪一带，109联队第

附图7 衡阳攻防战示意图
（1944 年 8 月 3 日）

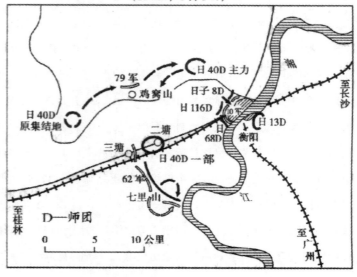

1大队位于133联队和120联队之间；58师团位于衡阳以西、西北、以北之孔子坪、小西门、体育场及蒸水公路大桥地区，51旅团从体育场以南向小西门地区进攻，52旅团从体育场以南向小西门以北至蒸水南岸之市区进攻；13师团位于湘江东岸，65联队位于潇湘码头附近，随时准备强渡湘江，山炮第19联队位于湘江东岸南部沿江地带掩护65联队强渡湘江和支援西岸攻城部队，11军炮兵位于衡阳城北约3公里之杨家冲；11军前进指挥所位于杨家冲炮兵阵地以北约500米高地。

■ 日军拍摄的岳屏山。

8月4日，日军按照预定计划开始第三次总攻。3日夜晚第5航空军第16战队6架轰炸机就开始轰炸衡阳城区，拂晓第6战队对68师团正面的岳屏山阵地进行了轰炸，飞行直协第44战队对衡阳西北、西南守军阵地进行了轰炸。第5航空军在这一天可以说是竭尽全力为地面部队提供了空中支援。同时日军的炮火支援也相当猛烈，当日清晨，日军向衡阳城的炮击就达4000发之多。

出于熟悉攻击路线和守军战术的考虑，横山勇仍以68师团和116师团为第三次总攻的先头部队，116师团当天进攻的目标是大西门外高地、天马山和西禅寺。对西门外高地的进攻由133联队担任，进攻天马山的为120联队，进攻西禅寺的是配属116师团的218联队。

133联队长黑濑平一并列展开2个大队，左为配属的109联队第1大队，右为自己联队第2大队（加强第1大队残部）。左翼首先开始攻击，直取87高地，有20多人冲过守军的交叉火力冲上了高地并占据了一幢民房，但后续部队被守军的密集火力隔断，无法接应。随即守军小队官兵奋勇冲杀，以密集手榴弹投向民房，将其全部炸死。右翼大队的攻击，尽管有炮火直接支援，还使用了新式武器——火焰喷射器，仍未能突破。9时许，黑濑只得下令暂停进攻。虽然133联队并未取得预期的战果，但鉴于该联队在第二次总攻时的表现，尤其是联队长黑濑的攻击精神，深为岩永旺、横山勇所赏识，因而在8月1日就晋升他为少将——刚刚晋升少将的黑濑平一自然希望能有个首战胜利来充门面，因此强攻不成，便另想他法。下午黑濑见刮起西南风，就想到施放烟幕来干扰守军视线。当晚22时在做好攻击准备之后，黑濑即令以发烟筒施放烟幕，炮兵随后开始射击。此时浓密的黑烟顿时笼罩了整个阵地，步兵再以2个大队并列展开攻击，结果同样被守军击退，而且伤亡并不比白天少。其主要原因在于基层军官尤其是小队长伤亡太多，此时基本都是由伍长、军曹、曹长担任小队长，而他们都缺乏夜间再加上烟雾条件下指挥作战的经验，使部队进入烟幕区后无法保持攻击队形，有的甚至失去联系而产生混乱。而守军则并未受烟幕的太大影响，因为早就对地形和武器射击的左右水平和上下高低俯仰角度预先作过测量和标定，再加上使用曳光弹校正弹道，几乎未受烟雾的影响。133联队这次

夜间进攻失败后，遂停止了进攻。

120联队与218联队进攻时间比133联队晚了两小时，从10时由东西两侧进攻大西门外的天马山和西禅寺。此时120联队每个中队人数多者约四五十人，少的仅有二三十人，实力已经大不如前，经两小时激战仅攻占天马山外缘阵地一部。而218联队的进攻受到正面和两侧火力夹击，被迫暂停。

五桂岭阵地，迭经数整日苦战，守军第3师8团3营伤亡极大。战至下午16时，阵地大部陷入敌手，蒋国柱营长负伤。黄昏，张金祥团长命2营长苏琢率领仅有的预备队60余人发起反击，与敌反复冲杀。迄至午夜，始将

■ 这幅油画描述当时惨烈的战场景象。

侵入阵内之敌全部肃清，苏营长不幸牺牲，由师特务连连长赵培孚继任。

预10师第28团接龙山、岳屏山阵地，连日在密集火力轰击下，阵地工事全毁，至4日黄昏，接龙山阵地守军因伤亡过大而不支，第3师师长周庆祥知道一旦接龙山有失，师部就将受敌直接威胁，乃亲率师工兵连反击，经过激战巩固住阵地，工兵连随即转入防御。战斗中一发炮弹在周庆祥身边爆炸，所幸未受伤，但听力从此大受影响。岳屏山工事极为坚强，障碍物层层叠叠，发挥了很大作用，日军屡攻屡挫。曾京团长指挥部队对突入阵地之敌发起逆袭，与敌十荡十决，全

■ 昔日的天马山140高地，如今已是居民区。

赖手榴弹与刺刀将敌击退。28团自身亦伤亡累累，减员达三分之一。3营长翟玉岗右足重伤，2营长余龙右股为敌弹贯穿，皆坚持不下火线。

由工兵营、炮兵营及29团、30团余部合编的新29团2营据守五显庙、苏仙井中间高地。经敌连日炮火轰击，工事及外壕大部被毁，但设在外壕旁边的木栅却发挥了很大作用，日军多次冲锋均受阻于木栅前，随即就遭到守军手榴弹的痛击，几乎是一群群被炸倒，最甚处尸体几乎将外壕填满！

第3师9团据守的天马山、西禅寺及140高地，受日军轰炸炮击最甚，仅日军放列于阵地前百米以内的直瞄射击火炮就不下30余门，密如雨下的炸弹炮弹，把外壕、木栅、铁丝网、碉堡尽数摧毁，工事内的守军自然也蒙受了巨大伤亡。日军步兵在弹幕射击掩护下呐喊冲锋时，满以为可以轻易地占领阵地，不料藏身于弹坑内的守军官兵却一跃而起，还以如雨点般的手榴弹，将冲锋日军炸得尸体横陈。竟日激战，140高地9团6连官兵全部牺牲，西禅寺、天马山两阵地仍在我军固守之下。黄昏后，第3师以师搜索连残存官兵30余人增援西禅寺，另以师最后的总预备队军辎重团1营增援天马山。

第3师7团据守的杨林庙、易赖庙前街阵地，遍布池塘泥泽，只有几条狭窄隘路可供通行，守军以密集火力封锁，日军白天进攻

伤亡太大，只得改为夜间攻击。但此次却一反常态，在猛烈炮火掩护下，不惜伤亡地白昼攻击。我军地堡大部被炮火摧毁，仍拼死抵抗，4日午后，日军40余人冲入杨林庙阵地，2营侯树德营长立即组织力量乘其立足未稳一举歼灭之。但在易赖庙前街，日军如潮水涌至，至黄昏时，100余日军侵入前街，与守军短兵相接，逐屋逐碉争夺。鞠震寰团长命3营营长王金鼎率其残部100余人连同师战防炮连40余人，作决死反击，苦战至午夜前才将突入敌尽歼转危为安。

同日68师团57旅团对岳屏山和58旅团对芭蕉林的攻击，也因守军英勇反击进展不大，一天下来才平均前进了约100米而已。

这一天，日军投入总攻的兵力达4个师团又1个联队共约8万人，火炮100余门，发射炮弹达4万发以上，对衡阳我军各个阵地发动了全面猛攻。日军叫嚣"一天之内攻下衡阳"，投入兵力之众、火力之猛、攻势之强，都是衡阳开战以来所未见。

8月5日，116师团所属3个联队继续攻击昨天的目标。不过此时配属给133联队的109联队第1大队已返回归建。133联队在炮兵、重机枪火力掩护下的进攻，依然遭到守军顽强抵抗，伤亡很大，第2大队长东条公夫亦被击毙，代理第1中队长铃木斋少尉、代理第2中队长泽田耕介少尉均被打伤。133联队从6月28日至8月5日仅大队长被击毙者即达6人

■ 日军放火烧毁民房。

之多，不得不由中尉军官来代理大队长。即第1大队由原第1机枪中队长藤田贞明中尉代理，第2大队长由井靖男中尉代理，第3大队长由西口克已中尉代理，出现了1个少将联队长指挥3个中尉大队长的奇特局面。下午黑濑要求军属重炮兵予以火力支援，准备再发起进攻。结果重炮兵的炮弹险些落在自己队列中，遂赶紧通知重炮停止射击。失去炮火支援，133联队的昼间进攻依然是伤亡惨重而毫无收获，代理第1大队长藤田贞明中尉被击毙，代理第2大队长井靖男中尉被打伤。由于久攻不克，黑濑集合起全联队残兵200余人准备自己亲自率领做最后一次自杀性决死冲锋。消息传开，师团长岩永旺认为这样的攻击除了显示忠诚和勇气，丝毫无助于突破守

军阵地，只能是徒增伤亡，于是他指示133联队6日清晨在航空兵配合下发起进攻，取消了这次决死进攻。

116师团在进攻天马山与西禅寺时，都遇到人工断崖，攀登已被削成绝壁的人工断崖时还要遭受守军猛烈火力的洗礼，不少日军在梯子上被击中坠地，以致在断崖下一片混乱，好不容易一些日军攀上断崖，守军立即派出小部队冲上前，猛投手榴弹，刚登上断崖的日军根本无处躲避，完全被手榴弹爆炸的烟云笼罩，绝大多数被炸死。按120联队长儿玉忠雄大佐的说法就是："西禅寺作战中出现了现代昼间作战中少有的悲惨壮烈场面。"西禅寺守军第3师搜索连经过这一天的

激战，也只剩下了10多人。

218联队5日夜间又对天马山进行攻击，先是以排炮发射了600发炮弹进行炮火准备，几乎将山上泥土都翻了一遍，山上工事全成焦土。日军这才发起冲锋，以岛田开大尉第1大队为先导，攻到半山腰鞍部时守军从三面向其反击，手榴弹如雨点般落下，第1大队完全被淹没在密集手榴弹爆炸的"胜景"之中，无一生还。联队长针谷逸郎感到以这样的进攻只会带来更多的伤亡因而下令停止进攻。而此时守军只剩下预10师29团团长朱光基、30团团长陈德陛以下10多人了！

五桂岭以北阵地两次被日军突破，方先觉急调190师570团抽调90人驰援，由第3师8

■　现在衡阳市区已然保留下来的"方先觉"壁，第10军就是通过制造这样的人工断崖来阻挡日寇前进的步伐的。

附图8 衡阳保卫战陆军第10军防御配备及战斗经过要图

(1944年7月17日至8月8日)

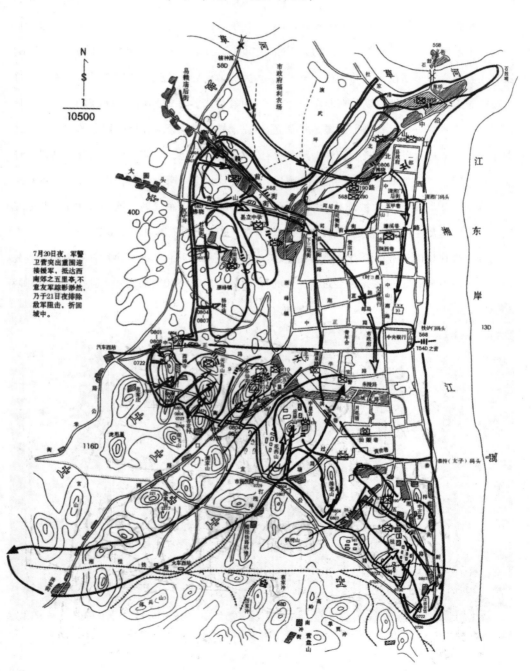

7月20日夜，军警卫营突出重围迎接援军，抵达西南郊之五里亭，不意友军踪影渺然，乃于21日夜排除敌军阻击，折回城中。

团团长张金祥指挥进行反击，苦战2个多小时，才肃清了突入之敌。

接龙山守军第3师28团战至中午，伤亡大半，阵地也为日军占去大半。此时预10师师长葛先才手上已再无预备队可以支援了，便亲率师部卫士和勤杂人员30多人前来增援，见师长亲自前来，守军士气大振，奋勇出击，一举将日军逐出，收复阵地。但守军伤亡也是非常惨重，连同葛师长带来的援军，总共都不到80人了！

易赖庙前街及青山街一线，日军攻势极盛，而守军仅100多人，见局势紧急，第3师7团团长鞠震寰左腿负伤仍命人抬着担架前往督战，才将日军进攻粉碎，但战局仍是岌岌可危。

在衡阳城南的日军68师团迭遭第10军190师的猛烈反击，也在5日这一天中毫无进展。

日军8月5日进攻的重头戏是58师团在体育场及衡阳城北一带的攻势，其进攻线路主要是平地且多水塘，守军早已将部分房屋推倒，填平了一些沟塘，改造了地形，还筑有纵横相连的交通壕和暗堡，在平地上设置了多层高低不同的铁丝网与人工障碍。日军58师团长毛利末广中将见地形如此不利，非常谨慎，决定先进行迫近作业，挖掘交通沟与射击掩体，使部队向前运动时减少伤亡。进攻时部队必须按计划进行前后部署，以保持纵深作战能力，2个旅团在一线进攻的4个步兵大队正面基本一致，左右两翼能相互直接支援。其部署是52旅团在左（北侧），51旅团在右（南侧），攻击重点为52旅团正面。5日傍晚58师团的部队进入出发阵地，按划定的经始线向前进行土木作业，守军警戒部队很快就发现了日军的动静，当日军开始进攻时立即遭到守军迫击炮、轻重机枪、步枪等火力的集中射击，经彻夜激战，52旅团才攻占了体育场和大池塘边的部分警戒阵地。

在衡阳湘江东岸的第13师团65联队做好了夜间强渡湘江的准备，却在行动开始前发现湘江上漂浮有石油，立即将这一情况上报，横山勇马上就想起1943年进攻常德时在强渡沅江时，中国守军正是向江中注放石油再点火燃烧的教训。横山勇马上下令停止强渡计划，65联队只在西岸进行火力支援。

日军第5航空军在5日出动3个飞行战队支援地面作战，第6飞行战队在中美空军基本掌握了衡阳地区制空权的情况下还是两次飞抵衡阳，以低空偷袭的方式轰炸了守军阵地。但飞行员在对地攻击时顾虑空中情况，心情紧张故投弹多不准确，还有1架被中美战斗机击伤后在衡阳机场迫降，着陆后就起火烧毁。

日军58师团51旅团独立步兵第93大队于8月5日22时突破了小西门守军阵地攻入衡阳城内，在其左侧的52旅团独立步兵第96大队也猛攻，至6日5时58师团已突破守军在体育场一带的防线，进抵市区边沿。守军退入城区

衡阳守军作战序列

第10军	军部单位	师	团	营
第10军军长方先觉，副军长余锦源（未参战），参谋长孙鸣玉	参谋处 饶亚伯 军务处 熊楚彬 副官处 张广宽 军需处 孙广田 军法处 赵文焕 军医处 董如松 政治部 刘雨民 （未参战）	第3师 师长周庆祥， 副师长彭问津， 参谋长张定国	第7团 团长方人杰（撤职）/ 鞠震寰（阵亡）， 团副王金鼎、侯树德	第1营 许学起/穆鸿才/邹亚东（全部阵亡）
				第2营 谢英（阵亡）/侯树德
				第3营 李桂禄（枪决）/王金鼎（阵亡）
				迫击炮连 侯树德
			第8团 团长张金祥， 副团长杨培之，团副邹亚东	第1营 李恒彰
				第2营 苏琢/赵培孚（全部阵亡）
				第3营 蒋国柱（伤）
				迫击炮连 刘和生
			第9团 团长肖圭田（伤）， 副团长鞠震寰、周祥符， 团副刘浩刚	第1营 王新
				第2营 周祥符（伤）/熊伯钧
				第3营 孙虎斌（阵亡）/赵寿山（伤）
				迫击炮连 孙木生
		预备第10师 师长葛先才， 副师长张越群， 参谋长何竹本	第28团 团长曾京（伤）， 副团长谭星煌， 团副劳耀民、尹东藩	第1营 赵国民（阵亡）
				第2营 余龙（阵亡）
				第3营 李若栋/瞿玉冈（全部阵亡）
				迫击炮连 白天霖
			第29团 团长朱光基， 副团长刘正平，团副瞿谋	第1营 周立岳（调）/劳耀民（伤）
				第2营 李振武（阵亡）/古今
				第3营 严荆山（伤）
				迫击炮连 黄权桢
			第30团 团长陈德，副团长阮成、 严荆山，团副甘握、项世英	第1营 肖维（伤）
				第2营 徐声先（阵亡）/甘握（伤）
				第3营 周国相（阵亡）/蒋鸿熙（伤）
				迫击炮连 陈国若（阵亡）
		第190师 师长容有略， 副师长潘质， 参谋长李长佑	第568团 团长俞延龄（伤） /谭星煌，副团长李适（阵亡）， 团副禹琪	第1营 杨济和
				第2营 张里桂
				第3营 刘家成（阵亡）/鹿精忠
				迫击炮连 张锡纯
			第569团 团长梁子超， 副团长吴友仁，团副贾宝钧	第1营 黄钟
				第2营
				第3营
			第570团 团长贺光耀（伤）， 副团长冯正之（伤）	第1营
				第2营 周建中
				第3营 肖尊禄
				迫击炮连 王永澄
		军直属部队	辎重团 李绶光	第1营 李大中
				第2营 陆敬业
				第3营 陈清
			特务营 曹华亭（伤）	
			搜索营 何映甫（伤）	
			山炮营 张作祥	
			工兵营 陆伯皋	
			通信营 袁大文	
			第1野战医院 张介仁	
			第2野战医院 孙炳彪	
			第3野战医院 郑焕华	
		配属部队	暂编第54师 师长饶少伟，副师长 蔡雨时（未参战），参谋长甘印森	第1团 陈朝章
			第74军炮兵营1个连 连营长 陈布新（阵亡）	76毫米野炮4门
			第46军山炮营1个连 连长 彭孔光	75毫米山炮4门
			第48师战防炮营1个连 营长 刘卓	57毫米战防炮6门

后利用早已构筑好的各道口、屋顶、暗堡等工事进行巷战。116师团133联队对78高地的攻击仍无进展，倒是120联队经数次猛攻于6日晨占领了西禅寺。

悲怆结局

8月5日，日军在优势炮火支援之下，全线猛攻，激战终日不停。守军阵地工事全毁，官兵不眠不休不饮不食，抵死奋战。青山街、西禅寺、天马山、五显庙、岳屏山、接龙山、五桂岭、外新街，每一处阵地均反复争夺。虽由第3师直属部队及军辎重团仅有

的1个营作为机动应援力量，分别向各危急阵地驰援，往往要经过极为艰苦惨烈的反击，才勉强夺回阵地，而官兵自然伤亡惨重！第7团团长鞠震寰、第9团团长萧圭田均受伤，鞠团长仍坐担架督战不已。午后15时，方先觉在中央银行指挥所召集军参谋长和4位师长举行紧急会议，研究目前严峻战局。大家一致认为，日军攻势如此猛烈，我军已再无可抽之兵，同时手榴弹、步机枪子弹也即将告罄，如果援军再不能到，拼尽全力最多不过再撑3天。周庆祥师长主张突围，但衡阳城内伤患超过8000人，根本无法随队突围，方先觉说："突围力量是有，可以突出去，要是

■ 日军攻入满是废墟瓦砾的衡阳城，但守军仍在坚持巷战，日军只能小心翼翼地搜索前进。

■ 日军在炮火的掩护下向我军发起进攻。

我们走了，剩下这么多伤兵怎么办呢？敌人见了伤兵就杀，守常德的余程万可以不问伤兵，我方先觉不能，你们忍心丢下手下伤兵让敌人去杀，以后活着的哪个再愿意做你们的部下？"因此最后方先觉决定："决不突围，一定死守，只剩一兵一弹，也不准再说突围的话。我方先觉决不私自逃走，必要时大家都到军部来，我们死在一起，如要自杀，我先动手。"

会议刚结束，周庆祥就接到青山街被日军突破的消息，他立即率卫士排和师部勤杂人员约70人驰援，这支援军赶到青山街时，日军已经冲入了阵地，双方正在混战，周庆祥二话没说，率部投入战斗，完全是用大刀和刺刀展开的白刃肉搏，官兵们见师长都亲上一线，白刃相见，无不士气大振，奋勇苦战，终于在天明前将突入的日军肃清，周庆祥只带了4名卫士而将其余官兵都留在青山街。

入夜，日军继续彻夜猛攻，其炮火的浓密弹幕，笼罩着衡阳全城。五桂岭北半部两度被日军突入，二线190师570团90余人在第8团团长张金祥指挥下，奋勇反击，苦战2小时歼敌300余人，乃稳住危局。

岳屏山、接龙山阵地，战至午夜，被日军占领三分之一，另有一部日军冲向28团指挥所，葛先才师长亲率卫兵1个班及师部勤杂官兵30余人增援，曾京团长率余龙、翟玉冈两营长见师长亲自来援，均裹创亲上一线，或持枪射击或投手榴弹，士气为之大振，终将突入之敌200余人全部歼灭。但是官兵伤亡惨重，仅存70余人。

军工兵营陆伯枭营长指挥由步、炮、工兵混合编成的守军死守苏仙井高地，与敌殊死拼杀，终于得保阵地无恙。

天马山阵地被日军占据了前半部，第9团萧圭田团长、29团朱光基团长、30团陈德垩团长，均在天马山阵地后半部率部与敌奋战。此时3个团余部加在一起不足百人，仍死战不退，至天明，与敌相距约50米呈对峙状态。

西禅寺南部，天明前尽陷于敌，第3师搜索连仅存10余人，坚守西禅寺北端高地，奋战不退。

8月6日凌晨3时，190师568团5连据守的演武坪阵地被日军突破，连长罗夫及官兵20余人全部牺牲，日军进占演武坪之后转而围攻左翼3营阵地。鹿精忠营长率营部30余人奋力冲杀，也难挽危局，568团副团长李适率团部官兵20余人前往增援，合力奋战，李副团长不幸中弹牺牲，日军残敌约30余人退守天主堂顽抗。容有略师长急向军部求援，方先觉派特务营曹华亭营长率百余人前往增援，行至县政府转角时，遭到天主堂内之敌发射掷弹筒所阻，官兵以血肉之躯，仰攻凭险固守之敌，伤亡过半，2连连长井启第不幸阵亡，反攻遂告受挫。但日军后援也为我军火力封锁，被阻于外壕，双方形成相持——5连

■ 190师568团2营少校营长鹿精忠。

阵地原本以旧护城河为外壕，宽约10米，深约2米，水深泥厚，本来难以徒涉。之所以会被日军突破，是因为阵地后方师野战医院数百名勉强可以行动的伤兵到处觅食，昼间曾用门板搭成便桥，过河到对岸寻取蔬菜，归来时未予拆除，为敌侦悉，乃乘夜暗匍匐接近，从便桥上偷过河来，造成不可收拾之突破口。

9时日军全面攻势更盛，尤其是抵近射击的炮火，将守军阵地工事几乎夷为平地，守军全靠手榴弹与刺刀与冲击之敌肉搏。全日到处都在鏖战，方先觉采取了两项紧急措施：第一将军部各单位参谋和勤杂官兵整编之后分配至市区各巷战工事中准备巷战；第二抽出铁炉门以南担任江防的暂编54师1团3

营，分别控制于接龙山北侧、苏仙井、司前街附近，准备应对最坏的战局，而该营防务则由暂54师师部参谋及勤杂官兵接替。

中午前后，在五桂岭以北的第8团迫击炮连连长刘和生发现市民医院附近有日军军官正挥舞着指挥刀指挥作战，周围官兵似乎对其很是恭敬，认为肯定是个级别较高的军官，便决定把最后8发炮弹全部打过去，炮弹准确落在日军军官附近——刘连长的判断果然没错，而且这名军官的级别显然超过了刘连长的想象，此人是日军第68师团第57旅团旅团长志摩源吉少将，当场被迫击炮炸死，战后被追晋中将。其旅团长一职暂由独立步兵第64大队大队长松山圭助代理指挥。15日调133联队长黑濑平一少将继任旅团长。

15时后，五桂岭北半部、岳屏山先后被敌突破，接龙山北侧暂编54师的1个步兵连归第8团团长张金祥指挥；苏仙井暂编54师的1个步兵连归28团团长曾京指挥，黄昏时分同时发起反击，以阻止日军进一步的突破。入夜后，西禅寺、外新街阵地因守军全部牺牲而均告陷落，其余各阵地上的官兵抵死拼杀，寸土必争！

日军11军炮兵在蒸水北岸的阵地被守军发现后，向飞临衡阳的中美空军通报，6日中美空军出动战斗机、轰炸机集中攻击日军重炮阵地，但战果不明。

8月7日日军的攻势更是达到了高潮，拂晓后日军炮兵向守军各阵地进行了约两个小时的炮击，随后第5航空军以战斗机掩护轰炸机轰炸守军阵地，尤其是支援已攻入衡阳城的58师团进攻。第11军司令横山勇也来到望城坳观察战场，亲自指挥。58师团从西北方向突入衡阳城之后即尽全力向前推进，而守军亦以全力反击，巷战非常激烈。中午11时30分日军51旅团独立步兵第93大队占领了小西门地区，接着沿小西门向东经芜阳路攻向中央银行，经过反复拉锯苦战之后，该敌于傍晚到达了湘江岸边。而58师团的其他部队也在当日晚间攻占了衡阳城北面城区。

同日拂晓，500余日军突入青山街，第7团3营王金鼎营长力战阵亡，鞠震寰团长带伤指挥暂编54师的1个步兵连向敌反击，战至9时，鞠团长亦不幸中弹殉国，反击失去

■ 我炮兵击毙日军57旅团长志摩源吉少将之地，经查为衡阳城南市民医院附近。

指挥而失利。中午各师师长齐集中央银行指挥所，此时军指挥所仅有副官处长张广宽、辎重团长李绶光、副官王洪泽及数名卫士而已。方先觉军长与各师长研究战况之后，以悲痛欲绝的心情，向军委会发出"最后一电"：

"敌人今晨由城北突入以后，即在城内展开巷战。我官兵伤亡殆尽，该再已无兵可资堵击。职等誓以一死报党国，勉尽军人天职，决不负钧座平生作育之至意。此电恐为最后一电，来生再见！职方先觉率参谋长孙鸣玉、师长周庆祥、葛先才、容有略、饶少伟同叩。"蒋介石接到这封电报，在当天的日记中写道："悲痛之切，实为前所未有也。"

据说蒋介石在接到最后一电后甚为感动，军政部长何应钦认为衡阳陷落方先觉必死无疑，便提议：1.第10军保留番号、恢复编制；2.衡阳改名为先觉城；3.第10军眷属车运重庆由政府供养。后来收听到日军广播，得知方先觉未死，蒋介石批示除第二项不议外，第一、三项即照办。还特意指示由原第10军老军长现第27集团军副总司令李玉堂收容第10军突围官兵，李玉堂则指定第10军后方办事处处长方守先（方先觉胞弟）负责照料护送眷属到重庆，后因方守先车祸受伤行动不便又派预10师政治部副主任杨正华来具体操办。

最后一电发出后，方先觉命令各师师长立即返回前线，能坚持多久就坚持多久。周庆祥赶往司令前街，葛先才到了五显庙，容有略则前往府正街。此时因为预10师几乎已经伤亡殆尽，葛先才师长几乎成了光杆司令，因此方先觉刚把第3师9团据守的西禅寺、天马山划给预10师指挥，葛先才派副师长张越群坐镇第9团团部指挥。

午后，日军向五显庙、天马山阵地发起全面总攻。我军官兵与敌反复拉锯，轮番肉搏，虽勉强稳住危局，但亦无力将突入之敌逐退。15时许，天马山阵地上首先挂起了白旗。根据周庆祥之子周立起采访其叔父时任第9团副团长周祥符所云，天马山挂白旗是为了将天马山守军撤回而采取的"诈术"，这是第10军参谋长孙鸣玉的主意，因为孙鸣玉考虑到天马山阵地和日军距离太近，守军难以脱离战斗，便指示第9团先把伤员撤下来，再挂白旗蒙蔽日军，然后乘机撤下阵地。

虽然白旗诈术蒙蔽了日军，使守军得以撤下，但无论如何在第10军的防线出现了白旗，一方面给了日军在阵地上大肆宣传第10军已经投降的口实，另一方面也挫伤了在阵地上继续奋战的其他部队的士气。

入夜以后，日军更是集中炮火向城区不断轰击，日机也疯狂轰炸扫射，市区通信全部中断。

日军116师团城南的部队在湘江东岸炮兵

■ 军部副官处上校处长张广宽。

的直接支援下于11时占领了芭蕉林高地。

天马山的白旗也让方先觉看到了一丝希望，他派军部副官处处长张广宽去和日军接洽，以行缓兵之计。特别是接到蒋介石"明日援军必到"的电报后，方先觉便将周庆祥召回军部，秘令他组织起尚存的千余能战之兵，在大西门秘密集结，于明日凌晨全力突围。这次突围行动一是为了接应援军，二是为了给第10军保留一些有生力量，不至于全军覆没。之所以选周庆祥来指挥突围，因为这千余能战之兵大多是周庆祥第3师的官兵，而且周庆祥一直主张突围，又在常德会战时有过率部从德山突围的经验，自然是最合适的人选。关于这次突围行动，预10师28团3营

营部书记徐必达中尉曾在回忆文章中提到，8月7日曾接到过销毁或埋葬武器装备，只带步枪手榴弹待命，准备次日突围的命令。

17时许，张广宽来到日军阵地，与日军第58旅团旅团长太田贞昌接洽，双方达成21时30分派更高级别军官在五桂岭中正堂举行谈判的协议。张广宽随即在日军护送下回到守军阵地。当张广宽回到中央银行的军部时，已经快到18时了。方先觉随即用电话通知各师师长来军部开会。18时30分，各师师长和军部处长以上人员都到齐，这是第10军最后一次军部会议。会上方先觉首先宣布如果自己不幸身亡，依次由周庆祥、孙鸣玉、葛先才、容有略和饶少伟的顺序代理军长之职。然后宣布大西门是最后防线，各部队向大西门集结，统一由周庆祥指挥（这是为次日凌晨的突围作准备）。城北演武坪阵地由容有略指挥，城西司前街阵地由饶少伟指挥，城南五桂岭阵地由葛先才指挥。确定部署后，开始讨论是否与日军接洽谈判，最后确定与日军接洽的七项条件：1.第10军绝不投降，仅同意与日军签订有条件的停战协议，不能将第10军此举作为"投降"来宣传；2.要求日军立即停火；3.日军进城后不得屠杀第10军官兵和衡阳百姓；4.要求日军收容第10军伤员并给予人道治疗；5.按中国传统安葬第10军阵亡官兵；6.保留第10军建制；7.第10军绝不离开衡阳。

对于第10军如何决定与日军接洽，还有一种说法是这样的：周庆祥走进军部，高声说："军长，我已传你命令天马山挂白旗了！"方先觉大声喝道："周师长，你要害我成千古罪人啊！"转身命军部特务营长曹华亭绑周庆祥，但周庆祥却说："军长，死算啥，但是这样死不明不白，就是要打日本也要先活下来，委座也会体谅我们曲线救国的，万一日后上峰追究，我来担待！我就不信，他们全能怪我们，难道他们就没有责任？"一席话，众人再也无言。方先觉一拍桌子，"那就这样，不是我们对不起国家，是国家对不起我们！不是我们不要国家，是国家不要我们！"遂命参谋长孙鸣玉早拟投降条件：1. 保证官兵生命安全；2. 收容医治伤兵，郑重埋葬阵亡官兵；3. 第10军不出衡阳，保留建制，驻防衡阳。然后去和日军接洽。

20时许，孙鸣玉、张广宽、周祥符由周庆祥率第9团残部90多人护送到五桂岭中正堂。但没有与日军取得联系，孙鸣玉、张广宽、周祥符两手空空回来后，再改到天马山方向与日军联络，因为天马山附近是190师防区，所以这次特意派190师师长容有略同行，以免误会。23时许，孙鸣玉一行到达日军战线，随即由日军120联队联队长儿玉忠雄陪同，与116师团师团长岩永旺会面。岩永旺考虑到衡阳前线是第68师团长堤三树男统一指

挥，而且虽然堤三任师团长的时间不长，但他是陆军士官学校第22期毕业，比岩永旺要早两期，资历更老一些，所以他马上派人将孙鸣玉一行送到68师团。堤三了解了第10军的条件后，立即表示接受七项条件，但要求方先觉于8日上午9时在五桂岭中正堂举行正式谈判，而第10军官兵则于8日放下武器前往西禅寺、汽车西站、湘桂铁路小学集中，伤员则留在原地等待日军收容。

8月8日1时，孙鸣玉一行回到第10军战线，他立即在前沿阵地打电话向方先觉汇报。随后孙鸣玉和张广宽返回中央银行军部，周祥符则回到大西门，准备拂晓前的突围。

凌晨3时，从城北演武坪及城西北青山街突破之日军获得增援，利用夜暗，突然开始分路向市中心突进——多年后，周祥符谈起日军突然发起进攻，肯定是混迹在第10军中的日军间谍得到了拂晓突围的情况，日军为了先发制人才发动的。战斗打响后，所有电话线路全部中断，在大西门的9团团长肖圭田急令副团长周祥符跑步回军部报告。此时守军已无任何预备队可以阻敌，日军已经蜂拥而入。周祥符刚刚气喘吁吁跑到军部，枪声已在逐次逼近。方先觉认为战事已至绝望，乃举手枪自戕，辎重团长李绶光、副官王洪泽早知其存有此心，急忙将手枪击落于地。枪虽打响，但弹未击中。见大势已去，方先

觉只好饮泣下令取消突围计划，并命令孙鸣玉去前线劝说第3师8团团长张金祥、9团团长肖圭田、预10师28团团长曾京停止抵抗，然后宣布解散军部，军部人员除处长以上外都可以自行逃生。5时许，日军攻入中央银行，第10军军部此时能战斗的不过只有军师长身边的数名卫士而已，根本无力抵抗，因此方先觉、周庆祥、葛先才、容有略和饶少伟以下人员全部被俘。

9时，方先觉等人被押出中央银行，沿中山南路前往五桂岭中正堂，随后又被押往城南欧家町天主教堂。日军军使竹内参谋先行接见，逐一核对姓名和职务，竹内表示第10军勇敢作战的情况，不仅在此地的日军，就连日本天皇和日本大本营都有所闻，特意向第10军表示敬意，同时代表日军答复完全同意有关条件。

■ 衡阳失守，日军宪兵进入城内。

10时30分，日军第68师团长堤三树男来到天主教堂，与方先觉进行正式谈判。就这样守军遂停止战斗，在南门外马路集中并放下武器。而此时城南阵地尚称完整，官兵仍与敌苦战之中，其他各地则通信全部中断，官兵只能各自为战。尽管已经宣布停止作战，但仍有不愿放下武器的官兵还在继续抵抗，直至日落时分，枪声始逐渐沉寂。

日军战史记载，在衡阳缴获的武器计有：重炮1门、高炮1门、山炮6门、迫击炮62门、战防炮12门、机关炮12门、重机枪91挺、轻机枪429挺、自动炮7门、步枪3393支、中型坦克1辆（已毁坏）、马61匹。

第10军共有13306人放下武器，其中约9000名伤员（也有资料称放下武器者不足1万人，但各方资料均称在放下武器官兵中伤患占绝大部分），据说方先觉听到城内还有如此之多官兵时，不禁捶胸顿足："早知还有这许多人，我肯定还要打下去！"

而多年来苦心研究衡阳战史的衡阳民间人士萧培认为在8月8日放下武器的第10军官兵仅有7000人，其中战斗人员约1000人，重伤员约6000人。

日军为攻下衡阳，初期投入68师团和116师团，后期增兵至4个师团，在守军顽强抗击下，死伤惨重，据日军战史资料记载，从6月23日至7月20日伤亡军官798人，士兵19286人。7月20日以后，资料上只载有约计伤亡

■ 衡阳最繁华的中山北路，战役结束时只剩断壁残垣。

9100余人字样，且无确切数目。即便根据上述数字，日军伤亡就在29000人以上，而日军当时为了不影响士气，刻意缩小伤亡数字更是常见，因此日军伤亡肯定要比其宣称的更多，但却苦于无确凿证据支持。只有第10军的老军长李玉堂后来在日本投降后特意向日军将领询问日军在衡阳的伤亡情况，日军将领答曰："约48000人。"这一数字可以作为旁证，佐证日军的伤亡之大。

抗战中，除少数精锐王牌部队外，一般情况下中国军队一个师才能勉强对抗日军一个联队（相当于团）。而衡阳之战中，第10军在孤立无援的情况下，抗击了兵力火力均数倍于己的日军整整47天，予日军的伤亡甚至超过了自己的整个部队。综观整个抗战史，在正面战场具有如此英勇善战与坚韧顽强的中国军队，绝对是凤毛麟角，几乎再没有哪支中国军队能在第10军这样的劣势下取得这样的战果。

第四章
深远影响

争议不休

衡阳之战硝烟散尽尘埃落定，但是在战史界相关的争议却历久不衰，争议的焦点有二，一是第10军最后到底是投降还是终战。日军战史自然是称第10军投降，大陆几十年来的主流史书也认为第10军最后是投降的，台湾一些史书则持回避态度不置可否，而方先觉本人始终坚决否认投降一说，坚称终战，因为没有签署过任何正式的投降书。

近年来，也有一些研究者认为第10军最后是停战而非投降，其依据主要有二：第一没有正式的投降书；第二战后蒋介石给军长方先觉以及4位师长都颁发了青天白日勋章。要是投降，蒋介石怎么还会授予青天白日勋章？但以笔者来看，通常军师级别的部队投降都不会签署投降书，只有国家在宣布战败投降时才会签署正式的投降书。而至于颁发青天白日勋章，主要是为了表彰衡阳五虎将苦战47天的彪炳战功。

笔者以为，停战与投降最根本的区别是在于缴械，停战是双方根据协定，停止敌对战斗行动，而投降虽然也是停止了敌对战斗行动，但本质是向对手缴械。从第10军的最后情况来看，第10军放弃抵抗，在日军指定地点集合交出武器，尽管没有签署正式的投降书，但确实与投降的实质无异。不过，笔者同时也认为坚守衡阳47天的第10军，最后

的结局，是有其独特的情况，是在经过47天的浴血苦战，已经超额完成了预期任务，何况此时已经粮尽弹绝，援军又杳无音讯，继续抵抗已毫无意义，在这样的情况下，笔者以为用西方人的话来说是"光荣的投降"。说到这点，又不能不谈起东西方截然不同的价值观和道德观。东方人历来讲舍身取义，不成功便成仁，只有断头将军，没有投降将军，在东方人的价值观里，军人投降不啻于最大的耻辱。而西方则注重人的价值，在继续战斗毫无意义的情况下，是允许军人放下武器的。留得青山在，不怕没柴烧。在二战中，盟军方面最著名的"光荣投降"要数1942年5月，在菲律宾坚持到最后的科雷吉多要塞在美军乔纳森·温赖特中将率领下被迫投降。可能很多人不知道，1945年9月2日，在"密苏里"号战列舰上举行日本投降签字仪式时，作为盟军代表的麦克阿瑟邀请的陪同正是刚从战俘营里获得自由的温赖特，身形枯槁形同骷髅的温赖特站在麦克阿瑟身后一同接受日本投降的这幕场景，或许可以给国人更多的思考。

争议的第二个焦点就是如何评价方先觉。有些史书将方先觉最后的投降看作是"贪生怕死"、"叛国投敌"，甚至因此全盘否定第10军坚守孤城47天的辉煌事迹，那是不客观也不公正的。首先，方先觉无论是在衡阳保卫战中，还是在此前的长沙、常德

■ 建于1947年的衡阳抗战纪念碑，"文革"中
被毁，现重建。

历次作战中，均是表现相当出色，堪称军
人楷模，连日军也称其为"英勇善战的虎
将"。即便是在衡阳之战的后期，方先觉如
要突围，还是有机会的，甚至有部下找到了
日军战线的间隙，保证可以将其安全护送出
城时，都被他坚决拒绝了。在最后时刻还有
拔枪自戕之举，因此如果真是"贪生怕死"
的话，也不会坚守47天，早就献城投降了，
所以这四个字的评价是不实之辞。

其次，请注意第10军能够以疲惫之师坚
守孤城47天，创造抗战史上守城时间最长的
战例，作为军长的方先觉自然是功不可没。

第三，方先觉是在衡阳之战失败已成定

局的最后时刻才投降的，当时守军指挥通讯
系统全部中断，官兵死伤惨重，在不到1.8万
人的守军中阵亡约4000人，伤约9000人，伤
亡比例已超过全军总数的70%，按照这一比
例，可以说一线的战斗兵早已全部拼光了。
而且粮尽弹绝，外援又杳无音信，即使继续
抵抗，也不过再支撑一两天而已，对于衡阳
最后的陷落已经没有多大的意义了。

第四，战前军委会给第10军的任务是
坚守衡阳10天，第10军早已完成了任务，无
论是对战局的影响，还是直接杀伤敌军的战
果，第10军都已经尽了自己最大的努力。

第五，方先觉在此前多次有过战败自
杀的表示，因此投降绝不是方先觉的本意。
而且关于方先觉自杀也有多种说法，其一，
方先觉在拍完最后一电后即拔枪自杀，幸得
孙参谋长及周、葛两师长进行谏阻，才未得
遂。还有说法是在发出最后一电后举起手枪
自杀，被卫士紧紧抱住，把枪夺下来了。暂
编54师师长饶少伟的回忆是8月7日黄昏，我
来到中山南路第10军军部（原中央银行地
址）时，军参谋长孙鸣玉及处长以上幕僚人
员和周庆祥、葛先才等，均已到齐。我走进
去就看到方先觉装着哭泣的样子，一面说：
'我的手枪呢？'一面打开抽屉寻找，好像
要自杀。其实，他的手枪早已被部下藏起来
了，尽管他连开三个抽屉，自然还是找不到
手枪——当然要注意的是，饶少伟的这段回

忆是在极左思潮的年代里以内战中战败被俘者的身份写下的，其时代与环境背景应当特别加以考虑。日本战史作家古屋奎二在编著《蒋介石秘录》时曾于20世纪70年代前往台北采访方先觉，方先觉回忆是8月7日发出最后一电后决心自戕，当拔出手枪对准太阳穴之际，手枪被两个副官打落地上。可见，不管具体情况怎样，方先觉确实有过自杀的举动，只是因为部下的劝谏或阻拦而未能实现。

那么导致方先觉最终放弃抵抗的关键因素是什么呢？笔者以为是方先觉头脑里的人本主义，满城近万的伤兵，如果抵抗到底，依然无法改变城破的最终结局，而这些伤兵必然难逃日军的屠刀，这点同时也是方先觉

断然拒绝突围的原因。所以不杀俘虏医治伤兵就成了第10军放弃抵抗的交换条件，日军也同意了这些条件，而且最后基本还算兑现。当然，这不是日军的守诺与仁慈，而是感佩第10军的忠勇，正是第10军47天的英勇抵抗，才使自己赢得了对手的敬重。20世纪80年代，衡阳之战时日军116师团120联队第1大队大队长和田健男专程来台湾，在方先觉将军墓前，面对陪同的第10军老兵，和田这样说："当时衡阳城阵地远远不如日俄战争时期旅顺要塞构筑的那样坚固，仅仅是用土壤围起来的野战阵地而已。然而贵军却能坚守47天之久，使日军作出重大牺牲，为80年来战争史上所罕见的业绩。反过来说假如日军防守那样的阵地，在四面楚歌弹尽粮绝的

■ 80年代，日军第11军战友会代表（右一）访问台湾，在方先觉将军墓前致祭。第10军的老兵也参加仪式，左一为原预备第10师师长葛先才。

情况下，也很难重创敌军坚守47天之久，足以证明方将军的确是雄才大略，指挥有方，令人赞佩。……方将军为此俊秀卓越的创业，使日军当时横山司令官以下的千万官兵赞叹不已！我认为在世界战争史上没有能和方将军当时的坚固防御可媲美的，而当时的第10军也是世界上最顽强的军队，方将军是世界上值得骄傲的伟大英雄。"

但从方先觉个人来说，就有人称他是"惟欠一死"，意思就是如果他自杀成仁，绝对就是流芳百世的抗日大英雄，但他不惜以军人最屈辱的放下武器来换取部属的生存，从这点来看，笔者更是觉得方先觉军长此举的良苦用心，不由说句"第10军有此军长，实在幸哉！"方先觉能不惜牺牲军人最为看重的名誉来挽救部下数千伤员的生命，实在难能可贵。但这绝不是一时之冲动，方先觉带兵历来注重情意，因此才会有炮兵营、第3师、第8团这三支部队在深知进入衡阳就是死路的情况下，依然毫不犹豫地慷然赴难，这其中方先觉的带兵之道可见一斑。还有在衡阳之战后期，军特务营营长曹华亭率150人杀出重围后没见到援军，这时他完全可以带人去找友军，但是他却决然地带着部下重又杀回衡阳城，这份同生共死的袍泽之情，绝非一朝一夕所能形成的。

衡阳战事结束后，日军果然信守约定，没有像其他地方那样大肆屠杀停止抵抗的官

■ 被囚禁期间的第10军将领，从左至右为：饶少伟、周庆祥、方先觉、葛先才、容有略。

兵，而是将第10军官兵集中起来，充作苦役。对被俘的高级将领则是优待有加，尤其是对方先觉。不久南京汪伪政权的日本顾问吉丸来到衡阳，请方先觉参加汪伪的"和平运动"，并将第10军被俘官兵组成"先和军"，取方先觉的"先"与"和平运动"的"和"（也有资料称是取日本昭和纪年的"和"），仍以方先觉为军长，孙鸣玉为参谋长，周庆祥、葛先才、容有略和饶少伟分别为第1、2、3、4师师长，甚至还给部分第10军官兵发放了武器，挑选身体强壮人员组成第一批3个连，担负衡阳东南湘江东阳渡口的守备。

据周祥符回忆，起初方先觉严词拒绝加入和平军，于是恼羞成怒的日军开始对第10军伤员进行报复，于8月中旬将三千多名重伤员处死，还强拉预10师师长葛先才到现场观看，并威胁葛先才："如果你不能说服方先觉归顺皇军，那么你的下场就与这堆死尸一个样！"葛先才被押回天主教堂后不禁老泪

纵横，他向方先觉、孙鸣玉和周庆祥汇报这件事时痛苦地说："我实在活不下去了！"正是在这样的情况下，为了避免更多伤员无谓被屠杀，方先觉才被迫同意加入和平军。另外，方先觉等人也认为如果和日军硬顶，势必引起日军怀疑，要想逃跑就更不容易，而同意加入和平军，也可以在一定程度上麻痹日军，为逃脱日军控制创造条件。9月底，"先和军"组建后，日军为了宣传派来记者拍照存证，大家一开始都很不配合，眼看局面僵持，方先觉便对大家说："日本人只照得我们的相，却照不到我们的心。"于是大家这才任由记者拍照，只是照片上的各人都心事重重脸色凝重。

随着日军的看管逐渐放松，周庆祥和孙鸣玉首先寻机逃脱。蒋介石在了解方先觉的情况后，立即指派军统全力营救。军统老板戴笠命令湖南站站长金远询不惜一切代价，尽一切努力，营救方先觉。金远询转令衡阳站站长黄荣杰具体办理，黄荣杰立即邀集衡阳地区所有有能量的人，从地方绅士到黑帮老大，掌握了日军看管或者说软禁方先觉的基本情况，还与方先觉直接取得了联系。

11月18日，大雨之夜，在军统的精心安排下，方先觉顺利离开了羁押他的欧家町天主教堂（有资料称是日军将方先觉礼送出境，但笔者以为这不大可能，但是日军故意睁一眼闭一眼倒是很有可能），经洪罗庙离

■ 衡阳沦陷后，方先觉被日军囚禁的所在地——衡阳市南郊欧家町天主教堂。

开衡阳，随后先至芷江，受到空军第三路军司令张廷孟的热烈欢迎，再乘飞机经昆明于12月11日到达陪都重庆。12月14日，蒋介石在重庆官邸召见方先觉，并以家宴款待（次子蒋纬国作陪）。据说蒋介石在召见之时，慰勉有加而毫无斥责，方先觉说："学生未能达成任务，对不起校长，请求处分。"蒋介石则说："是我对不起你们！"还嘱咐方先觉回去好好休息，并特别提醒方先觉重庆情形复杂，对外界不要随便发表讲话。

日军对方先觉逃脱的看法，也可以做个反证。日军大本营陆军作战部作战课课长服部卓四郎战后所著《大东亚战争全史》中这样写道："这位投降的方先觉被俘后态度伪装得很巧妙，后来乘机逃脱，返回了重庆军。"

方先觉回到重庆后，重庆的各家报纸均以前所未有的一致态度，发表社论、社评、消息、文章，对方先觉归来极尽赞颂欢迎。当时重庆数十家报纸没有一家对第10军与方先觉有微词，只有一家仅是没作报道，立即被指摘为"别有用心"——可见，民众心中还是有一杆秤的！面对如此盛赞，方先觉曾表示愧对"各界的欢迎"，称自己"既未成功，又未成仁"。

方先觉归来后，葛先才、容有略和饶少伟也陆续逃脱归来，至此衡阳五虎将得以重新聚首。经过一段时间的休养，方先觉被任

■ 方先觉将军自衡阳脱险返抵重庆受到蒋介石的召见，慰勉留影，并授予青天白日勋章。

命为第37集团军副司令兼青年军第207师（青年军的师相当于普通部队的军）师长，孙鸣玉为36师师长，周庆祥为第10军副军长兼第3师师长，葛先才、容有略和饶少伟则为军委会少将高参。此外，还授予方先觉、周庆祥、容有略青天白日勋章（葛先才在战役期间就已获得）。

而第10军的下级军官和士兵也有不少人陆续逃出，继续与日军作战，此后活跃在湘南地区的抗日游击队里，有些几乎全是第10军官兵组成，有些则是以第10军官兵为骨干的，如由第3师参谋长张定国和预10师283团3营长李若栋率领的"衡南行署抗日指挥部"、第3师7团2营长侯树德率领的"抗日游

击大队"、由第10军排长邹国斌任队长的衡阳自卫军第7大队等。

解围之战

毫无疑问,应站在历史审判台前的,不是第10军,而是外围的援军,整整47天,居然还不能突破日军阻击,实在没有任何理由。

虽然解围之战有这样或那样的原因,但真正解围失利的根本原因是——所有奉命来援的部队,战役初期都怕冲进衡阳后解了第10军之围,却把自己陷了进去;战役后期,则都不愿以自己部队的牺牲来成就方先觉的英名,尤其是在第10军已经坚守40多天的时候。

军委会为解衡阳之围早在7月12日就命令以李玉堂督率62军,由衡阳西南猛攻,79军协同62军向衡阳西北猛攻,湘江右岸各部亦向当面之敌猛攻。根据这一命令,62军151师于7月13日攻占白鹤铺火车站,军主力则于14日经南乡铺向衡阳急进,左翼的157师于当日进抵潭子山地区,向阻击的日军发起猛攻。79军以98师进攻金澜寺,194师直接突向衡阳,至14日已进至新桥。日军40师团从台源市以南向194师实施猛烈侧击,迫使194师退往西渡以西。

7月16日衡阳战局告急,军委会再令62军

猛攻,中途如遇日军,必须尽快突破前进;79军则以小部队牵制当面之敌,主力继续向衡阳攻击前进。62军决定以一部掩护侧背,主力奋力攻击前进,151师以一部占领洞头庙、两母山,主力直出洪山庙,157师以1个连在潭子山监视日军动向,主力经火山桥出灵官庵,直取衡阳火车西站。

17日,151师占领两母山之后,向黄茶岭、回雁峰钻隙猛攻,157师以1个团接替151师两母山阵地,主力控制于洪山庙,策应各方作战。然而根据当地百姓描述,62军在两母山一线根本没有什么积极动作,如果归纳而言,就是敌进我退,敌退我进。日军后退便向前挺进,而日军一旦反攻,即行后退,完全是一副避战的态势,所谓进也只是为了掩人耳目。79军则挑选精干部队组成6个突击大队,向衡阳钻隙突进,主力则向先桥、西渡猛攻。永丰的100军68师进抵崇山铺,以一部前出洪罗庙。

18日,62军、79军均全力投入攻击,151师在东阳铺、石桥一线与日军展开激战,194师的突击大队攻占西渡、大桥铺,98师的突击大队正向望城坡猛攻,而79军主力则在蒸水右岸展开攻势。

根据62军的战报,19日,151师占领黄茶岭、欧家町,79军占领铜钱渡,日军在援军猛烈攻击下向蒸水右岸退却,62军、79军乘势向衡阳推进,至20日,151师已抵达衡阳

附图9 衡阳西南郊陆军第26军作战经过要图

（1944年7月9日至22日）

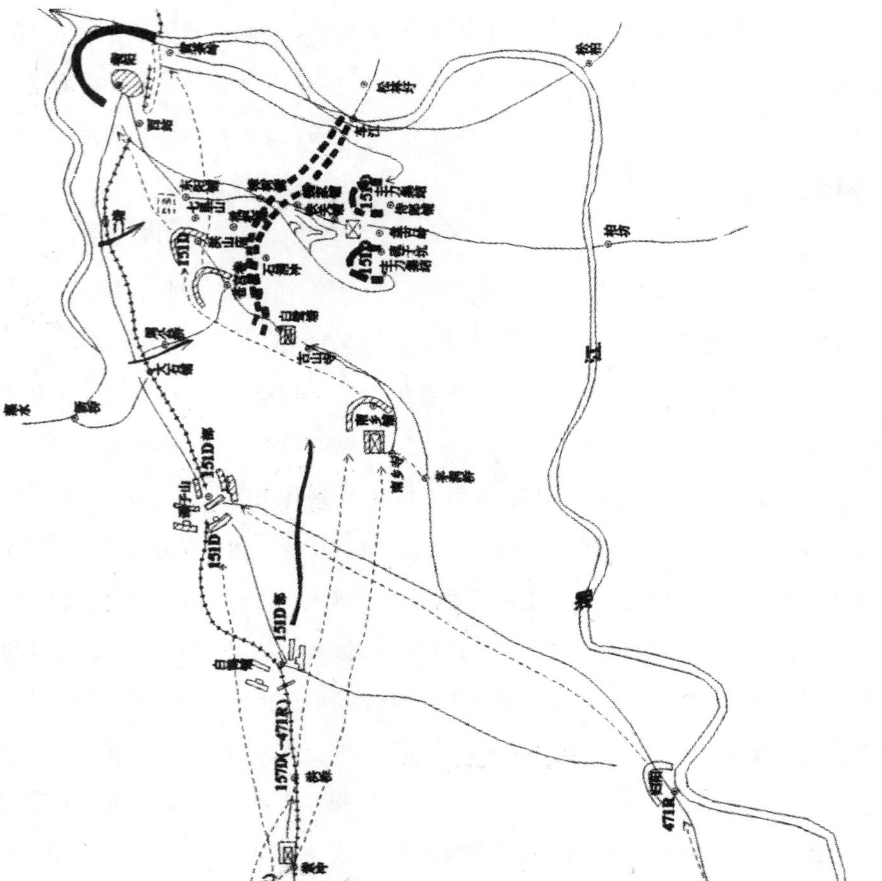

图例

7月9日–10日	11日–14日	15日	16日–17日	18日–20日	21日–22日

郊外，但遭到日军阻击，再难推进。当晚，151师组织力量发起猛攻，一举攻占衡阳火车西站，眼见就可与衡阳守军会师，不料日军此时刚好停止了对衡阳的总攻，转而全力来阻击外线援军。21日，日军向迫近衡阳的62军发起反击，62军顶不住日军的攻势，从火车西站一路退到灵官庙，连两母山要地都丢了——然而实际上，151师根本没有到达过衡阳火车西站，其到达的车站只是远在衡阳市区以外的三塘车站！而两母山也未发生激战，日军一反击，62军便迅速后撤，放弃两母山重地。22日，日军继续向62军猛攻，62军退守盘古岭。同时79军也遭到日军反击，推进受挫。

军委会23日严令62军、79军速解衡阳之围。两军稍加整顿，再次发起攻击，但在日军顽强阻击下，连日苦战均无进展。28日，62军在铁关铺遭到日军反击，激战整日，不支后退。由于62军后退，日军得已转兵反扑79军，失去策应的79军独力难支，退守英陂、蔡家铺一线。特别要说明的是，23日军委会的电报被日军破译，横山勇几乎与薛岳同时看到这份电报，所以日军能迅速作出极有针对性的部署，此后中国军队多份重要电报均被日军破译，这也是解围失利的原因之一。

鉴于62军、79军攻势受阻，军委会乃增调第六战区74军和第四战区46军，该两军于29日到达衡阳地区。得到生力军增援后，30日第24集团军下令62军向衡阳火车西站攻击，79军全力攻击望城坳（在蒸水北岸），100军沿衡（阳）永（丰）公路向衡阳推进，74军以1个团攻击永丰以南日军，主力为二线兵团，视战况投入有利方向扩张战果。

8月1日，各部按照新的部署全线开始进攻，100军攻占新桥、洪山庙，向两母山、二塘猛攻；62军在七里山以南遭到日军阻击，难以推进，便转兵洪山庙，配合100军攻击两母山；79军在杉桥、杨柳桥一带与日军展开激战。战至5日，62军攻占七里山，开始向衡阳火车西站突进。79军攻占鸡窝山，也向衡阳突进。但随即都遭到日军疯狂反击，攻势受挫，再难推进一步。

8月7日，第24集团军调整部署，以62军、79军掩护两翼，以生力军46军主攻。8日各部完成调整后开始攻击，46军突破两母山，58师攻占鸡窝山附近高地，79军攻占杉桥，与衡阳已是近在咫尺，但就在此时，衡阳却已陷落，解围遂告失利。

尽管解围战表面上打得是轰轰烈烈，但实际情况却实在让人无法接受：其一各部之间毫无协同，当62军突向火车西站时，79军却止步于金澜寺；当79军好不容易杀至衡阳西北时，62军却已退至铁关铺；当79军、62军在军委会严令下奋力攻击时，74军却踌躇于常德而不前……其二各部心有异志，只图

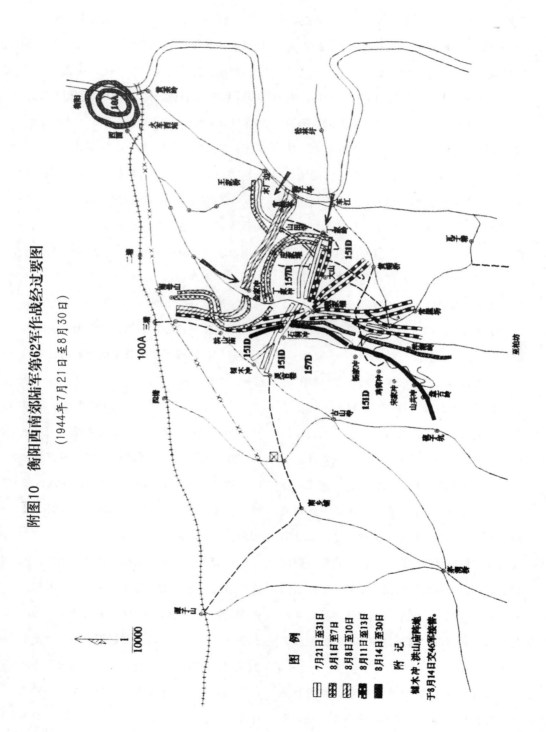

附图10 衡阳西南郊陆军第62军作战经过要图

（1944年7月21日至8月30日）

图 例

7月21日至31日

8月1日至7日

8月8日至10日

8月11日至13日

8月14日至30日

附 记

堵木冲·洪山庙阵地，
于8月14日交46军接替。

100A

151D 157D

自保实力，如7月解围战中62军主力集结于潭子山，仅用2个团向衡阳突进，就是这2个团的兵力也曾于7月20日一度进至三塘车站，只要再冲一步就可与守军会合，但却再未前进，而随着日军的反击，23日便撤回了——如果62军投入的是2个师而非2个团，如果到达三塘车站后再奋力一战，情况就大不同了！衡阳之围始终未解，79军少校参谋欧阳润的看法一针见血："其主要原因，是由于参战各军保存实力，以求巩固其地位，不愿与敌寇力战故也。"中共的《新华日报》在盛赞第10军英勇的同时就愤慨于"他们的努力没有得到应有的支援！"而日军战史也同样反映："敌人之援军（3个师）已于其间到达衡阳附近，但经我第40师团迎击后，已弃衡阳而掉头南下。"——一个"弃"字就非常生动地点明了真正的原因。

衡阳外围的援军总共有13个军，分别是第72、58、26、20、44、39、73、79、99、100、62、46军和暂编第2军，兵力不可谓不强，距离也不算遥远，47天都未能解围的真正原因是缺乏友邻之间拼死相救的精神，而此战之后，军事委员会也并未对解围不力的部队追究责任，这种功过不分的做法具有很大的负面影响。

另外，薛岳在整个长衡会战中的责任也不能不提。尽管薛岳在三次长沙会战中指挥有方，但这次长衡会战却负有不可推卸的责任。首先在长沙保卫战中，脱离战场在先，部署失当在后，最后是坚持薛岳错误部署的亲信第4军军长张德能当了替罪羊。在衡阳之战中，因为薛岳和方先觉早有矛盾，开战前就已撤了方先觉的军长之职，若不是战事突然爆发，第10军的军长就已经不是方先觉了，那么衡阳是否还能坚守47天就很难说了。虽然将方先觉撤职未能如愿，但战事开始后，薛岳的一些举动确实很不厚道，明显带有公报私仇的味道。在炮兵力量分配上，明显厚长沙而薄衡阳，要知道日军一号作战的战役目的是打通交通线，那么衡阳在军事交通上的价值要远远大于长沙，理应在衡阳集中更强的力量。在兵力部署上也有肢解第10军的用心，先是将第3师调走，接着调入的新19师又很快调出，再将预10师调出，只留下190师担负衡阳守备任务，要知道190师是个后调师，其真正的实力只有1个完整的团和2个只有军官的空架子团，要凭这点兵力守衡阳，简直是儿戏。就从这几点来看，薛岳怎么可能尽心尽力督促外围援军驰援衡阳？

深远影响

衡阳失守后，日军经过短暂休整补充，于9月1日开始重新进攻，连克祁阳、零陵、道县，14日国民党军放弃坚固防御工事的全县，至此长衡会战结束。紧接着，日军又发起了一号作战的第三阶段——桂柳会战，11月10日攻占桂林、柳州，11月24日进占南宁，12月2日攻占独山，12月10日，由南宁南下的日军第22师团与驻越南的日军第21师团在绥渌会师，完全打通了由华北纵贯中国至印度支那的大陆交通线，实现了一号作战的战役企图。

日军投入50余万兵力，历时10个月的一号作战终于达到了战役目的。中国军队在整个会战中除了第10军在衡阳坚守孤城47天外，几乎是一触即溃，一溃千里。在当时全世界各地同盟国都已转入全面反攻时，出现这样一场大败仗，实在令人不解。诚然，中国坚持抗战已历七年，人力、物力均已付出了极大代价是客观原因，但主观原因，主要是抗战意志的颓废，从军委会最高决策者，到战区司令、集团军司令乃至军长、师长，几乎再难见到抗战初期决死一战的雄心，上上下下都清楚日本的最后失败已不可避免，那么保存实力，坐等胜利自然就是上上之策，何必再去与日军死拼？这一点的典型表现就是第一战区在邙山头，日军在这个背黄河为阵的孤立据点，只部署了2个步兵大队和1个炮兵大队，作为南进时的桥头堡。对于这样一个态势极其孤立恶劣的突出据点，拥兵数十万的第一战区居然毫无进取之心，听任其长期存在，而未有主动进攻的任何企图。军纪废弛也是原因之一，许多部队平时扰民甚重，战时不战而退望风披靡，令百姓极度失望。如河南百姓就将汤恩伯的驻军与水灾、旱灾、蝗灾并称为河南四大灾，因此当汤部撤退时，百姓逃避一空，不要说壶浆以迎，连水都喝不到一口，甚至向部队开枪也不在少数。

在整个一号作战中几乎成为中国军队唯一亮点的衡阳保卫战，也很自然地成为了各派政治力量博弈角力的一个支点。如果我们将这一时期的各方政治力量的角逐与衡阳之战放在同一个放大镜下仔细剖析，可以品味出很多难以用语言来描述的东西。

首先是中美之间，确切地说是蒋介石与美国驻中国战区参谋长史迪威之间的矛盾，史迪威曾多次向罗斯福总统建议对中国军队实行改革，而一号作战的惨败使罗斯福开始感到史迪威的建议是很有必要的，于是开始考虑让史迪威接替蒋介石担任中国战区的最高指挥。1944年7月7日（衡阳保卫战第15天），罗斯福致电蒋介石："鉴于中国战局危急，我感到有必要让史迪威指挥在中国的全部中国军队和美国军队，包括共产党军队

衡阳会战日军伤病亡统计数据（日方数据）			
负伤（人）	死亡（人）	战病（人）	伤病亡总数（人）
8327	3860	19288	31475

■ 史迪威曾多次向罗斯福总统建议对中国军队实行改革，而一号作战的惨败使罗斯福开始感到史迪威的建议是很有必要的，于是开始考虑让史迪威接替蒋介石担任中国战区的最高指挥。

法。同时蒋介石立即派宋子文到美国活动，设法寻求美国政要的支持。显然，在这个微妙的时刻，衡阳保卫战的成败对于蒋介石确保军队的控制权至关重要。

8月8日，衡阳失守。蒋介石也因此失去了一个重要的筹码。8月23日，罗斯福发来电报催促蒋介石把中国军队的指挥权移交给史迪威，这是罗斯福的第四封催促电报。因此蒋介石不得不作出一些实质性的让步，请罗斯福派特使来华协调移交军权的工作。罗斯福便派赫尔利为特使，于9月6日到达重

在内……我理解阁下对史迪威将军的感情，但是我找不出另外的人选，具有史迪威那样的能力和决心，能够实现我们打败日本的远大计划。为此我把史迪威晋升为四星上将，请阁下把中国战区的军队指挥权移交给史迪威将军。"由于中国军队在一号作战中连遭败绩，蒋介石已经没有底气公开拒绝移交军权，只能采取拖延战术。因此蒋介石回电罗斯福，原则上同意把中国军队的指挥权移交给史迪威，但请罗斯福给他一些时间，以便仔细考虑让史迪威担任全权指挥的具体办

庆，蒋介石与赫尔利达成以下协议：1. 史迪威的职务名称定为"中华民国陆、空军前敌总司令"；2. 史迪威亲自指挥中国陆、空军对日作战，但作战计划须经军事委员会审议；3. 史迪威对其管辖部队，可依据中华民国法律实施奖惩任免之权。

尽管名义上史迪威已经是中国军队的最高指挥，但蒋介石仍然没有把实权交给史迪威。罗斯福对此非常恼火，加之又接到史迪威的来信，信中透露蒋介石准备抽调在缅甸的中国远征军回国，意在坐等美国打败日本

的胜利成果，这更激怒了罗斯福。9月18日罗斯福发电给史迪威，请史迪威转交他给蒋介石的电报。罗斯福在电报中，用命令的方式说："请立即把指挥权交给史迪威，一刻也不要再犹豫。"9月19日，史迪威把罗斯福的那封命令式的电报面交蒋介石，正在召开高级军事会议的蒋介石看过电报后，沉默片刻后不动声色地说："知道了，立即散会。"等其他人离开会场后，房间里只留下蒋介石和宋子文时，蒋介石失声痛哭，他在当天的日记中这样写道："实为余平生最大之耻辱也。"

面对罗斯福的"最后通牒"，蒋介石知道已经无法再采取拖延战术，于是转用围魏救赵战术——并不直接拒绝交出军队指挥权，而是说史迪威得不到中国人的信任，所以不能把指挥权交给史迪威。罗斯福另派一个中国人可以信任的人选，他就同意交出指挥权。9月24日，蒋介石和宋子文致电罗斯福，表示同意由美国人任中国军队总司令，但坚决不同意由史迪威来担任这一职务。9月26日，蒋介石又经宋美龄向罗斯福转达了如下电文："余对罗总统平时的主张与意见无不尊重，但关于中国之三民主义与中国之主权，以及中国国家与个人之人格，如稍有损丧，则余必不惜任何牺牲，决不能因循迁就，否则即使联盟国作战完全胜利，则虽胜犹败。余决不能使中国赤化与主权动摇，并

望友邦间能互相尊重人格也……但无论美国如何变化，余自信抗战根据地与军队，决不致崩溃。吾人如再恢复独立抗战之态势，则对内政与军事情势，决不能比现在更坏……惟事实证明，史将军非旦无意与余合作，且以为受任新职后，余将反为彼所指挥，故此事因而终止。如罗总统指派之任何美国将领，而富于友谊合作精神，以接替史将军，余必竭诚欢迎，且将尽力之所及，支持其作战，加强其权限也……"蒋介石不惜决裂的态度让罗斯福感到为难。9月25日后，罗斯福一直在苦苦思考权衡，最后终于让步——10月6日，罗斯福给蒋介石致电说：可以考虑更换史迪威中国军队前敌总司令的职务，但建议保留史迪威对缅甸远征军的指挥权。蒋介石拒绝了罗斯福的建议。赫尔利则力劝罗斯福让步，更换史迪威以换取蒋介石的合作。10月18日，罗斯福最终决定调回史迪威，由魏德迈出任中国战区参谋长和驻华美军司令。

虽然在与史迪威争夺中国军队指挥权的较量中蒋介石取得了最后胜利，但过程非常惊险，毫无疑问，要是此时衡阳之战能够取得胜利，那么势必会给蒋介石增加一张甩得响的底牌。

豫湘桂会战的惨败，不仅丧师失地，损失了大量兵力，大片土地沦陷，使蒋介石的国民政府在与美国的角逐中处于被动，更

重要的是在国际上所造成的负面影响。美国看到在日军已成强弩之末，而制空权又逐渐为中美空军掌握的情况下，还发生如此惨重的大溃败，因此对中国的抗战能力产生了怀疑，认为中国已经不能为最后打败日本出什么力，甚至还有可能使日本在太平洋乃至本土失败后仍盘踞中国与同盟国继续作战。鉴于这样的担忧，美国参谋长联席会议于1945年1月建议罗斯福总统尽量要求苏联尽早对日参战，以减轻美国的负担。于是在1945年2月的雅尔塔会议上，中国领导人没有出席，这是一个非常明显的信号，表示中国此前在抗战中顽强苦战而赢得的同盟国之尊重彻底化为泡影，甚至已经被排挤出了所谓的四强之列。

尽管有人说，雅尔塔会议是美国的一大战略失策，甚至还有人说罗斯福是在当时重病缠身神志不清的情况下才让苏联人得了如此大的便宜。这些话自然都是事后诸葛，在1945年2月，美国对日本作战的两大制胜法宝——以"李梅火攻"为代表的战略轰炸和对日本本土海空封锁还未全面实施的时候，谁能预见到冥顽不化的日本军国主义会在半年后宣布投降？而让美国如此强烈地希望苏联早日参战的根源就在于豫湘桂会战的大溃败，完全可以这么说，这场大败，丢掉的不只是几十万军队，也不只是河南、湖南、广西的大片国土，而是同盟国对中国的尊重与信心。